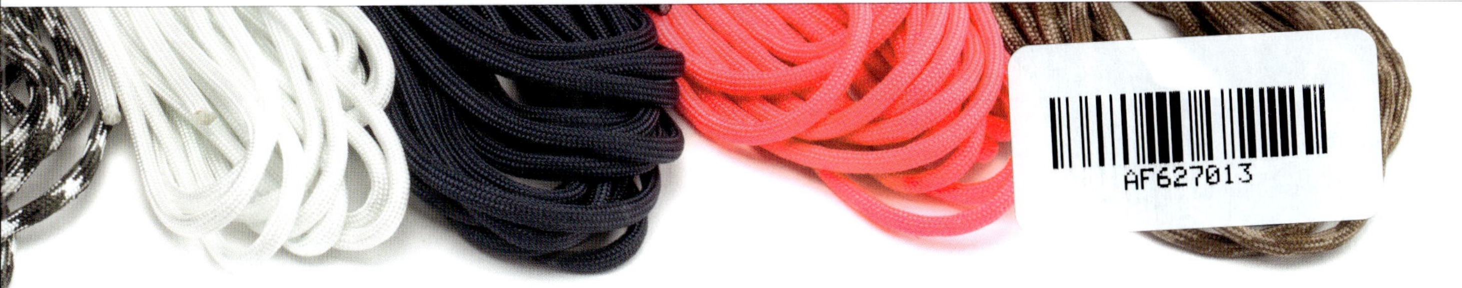

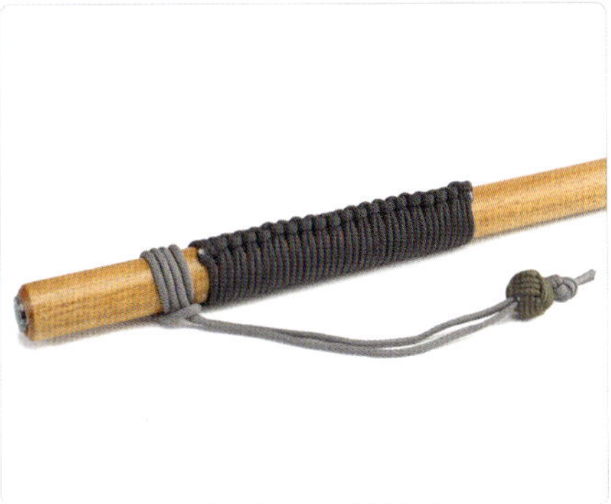
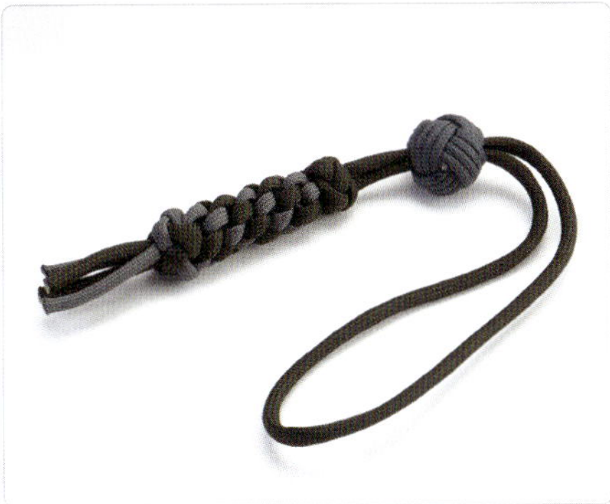
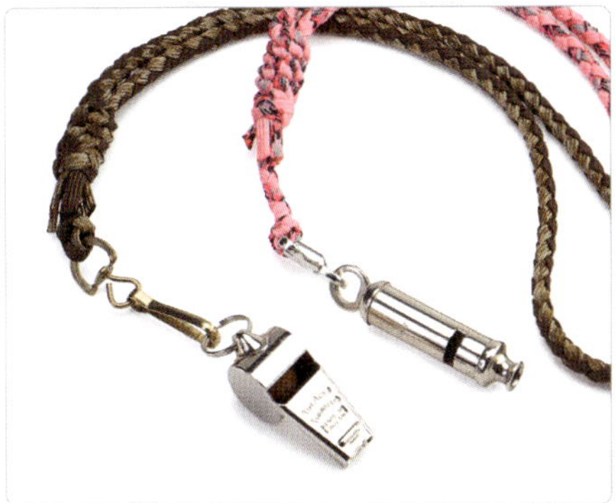

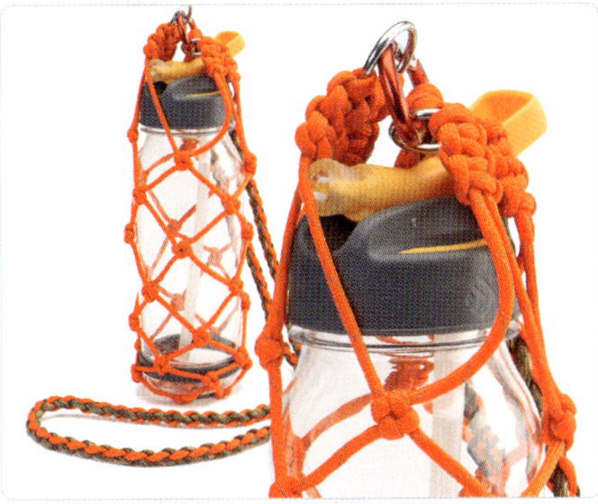
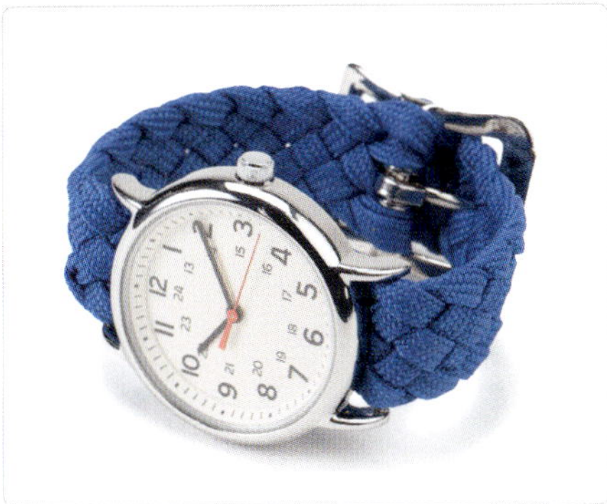
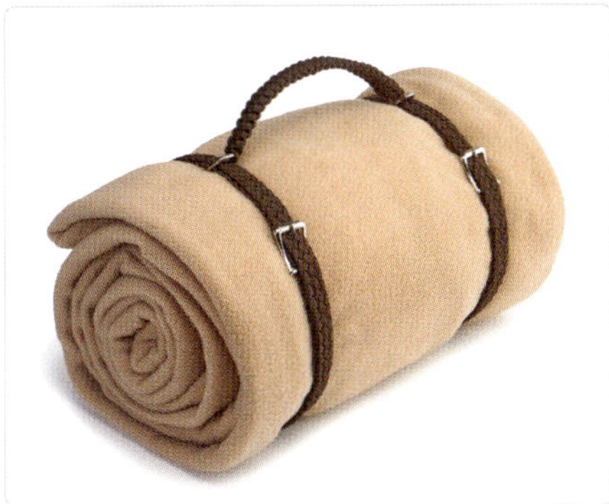

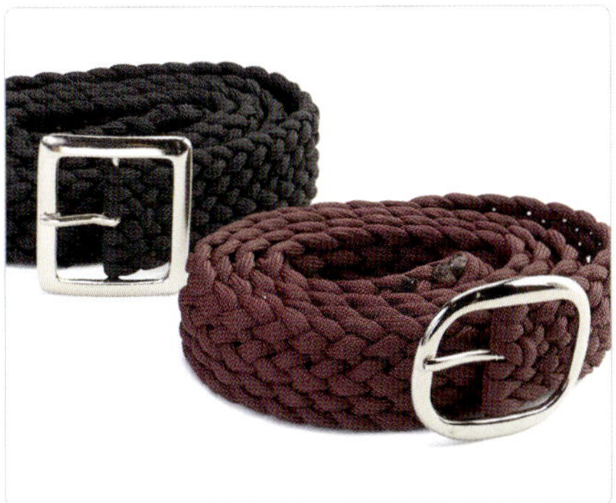
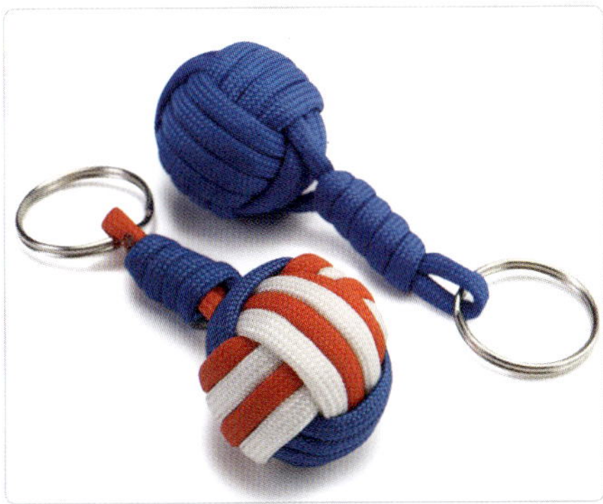
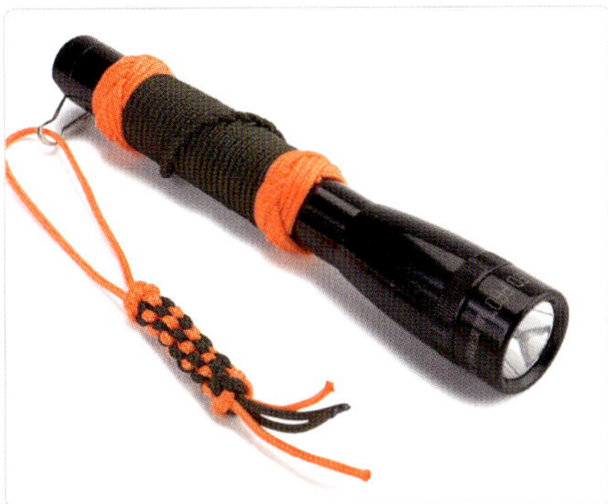

EINLEITUNG

In ihrer derzeitigen Form ist die Fallschirmschnur ein Produkt des Zweiten Weltkrieges. In der Vergangenheit wurden viele lebensrettende Ausrüstungsstücke beim Militär aus Seide gemacht, da deren Verhältnis von Gewicht zu Tragfähigkeit sehr gut ist. Wichtige Verwendungszwecke waren gewebte Gurte, Fallschirmstoffe und Fangleinen. Nach dem Angriff auf Pearl Harbor im Jahre 1941 wurde jedoch der Handel mit Japan eingestellt, was eine Knappheit von Seide nach sich zog – eine Alternative musste gefunden werden.

Nylon war gerade 6 Jahre zuvor von Wallace Carothers bei DuPont erfunden worden. Das starke, federleichte und widerstandsfähige Synthetikmaterial erwies sich sogar als der Seide überlegen, wenn es richtig verwendet wurde. Die Erfindung des Nylon, gepaart mit dem militärischen Bedarf an einem Ersatz für Seide, führte zur Fallschirmschnur Paracord (Zusammensetzung aus dem Englischen „Parachute cord").

Die militärischen Spezifikationen für den Minimumstandard von Paracord werden mit sechs verschiedenen Varianten der Nummer MIL-C-5040H angegeben. Am häufigsten ist Typ III oder Paracord 550. Die „550" steht für die minimale Reißfestigkeit, die von der US-Regierung festgelegt wurde.

Anfangs war Paracord nur in den Farben Oliv und Natur, einem Schmutzweißton, erhältlich. Bis vor Kurzem war es ein reines Überschussprodukt.

Aufgrund seiner hohen Tragkraft fanden Soldaten und Segler viele Verwendungszwecke für Paracord, fernab von Fangleinen für Fallschirme, und so wurde es zu einem unersetzlichen Hilfsmittel für alle Zweige des Militärs. Man glaubt, dass die im Mittleren Osten stationierten Soldaten die Auslöser der neuen Popularität dieser großartigen Schnur sind. Als eine Art moderne „Grabenkunst" oder „Kunst aus dem Schützengraben" wird Paracord an vielen nützlichen Gegenständen und Accessoires angebracht. Am gängigsten sind Armbänder, die nach Hause zu den Liebsten geschickt oder verschenkt werden.

Zivilisten tragen diese geschenkten Armbänder, um zu zeigen, dass sie in Gedanken bei ihren Freunden und Familienmitgliedern beim Militär sind. Schnell wurden sie als ein notwendiger Survival-Gegenstand vermarktet und als „Überlebensarmbänder" getragen und verkauft, um immer ein Überlebensaccessoire zur Hand zu haben. Diese Armbänder sind (wie Sie auch feststellen werden) nicht nur handlich, sondern auch leicht zu knüpfen und es macht auch noch Spaß.

Die Popularität dieser Armbänder motivierte die Hersteller, eine kommerzielle Version des Paracord in vielen verschiedenen Farben und Farbkombinationen für den zivilen Gebrauch zu entwickeln und zu verkaufen.

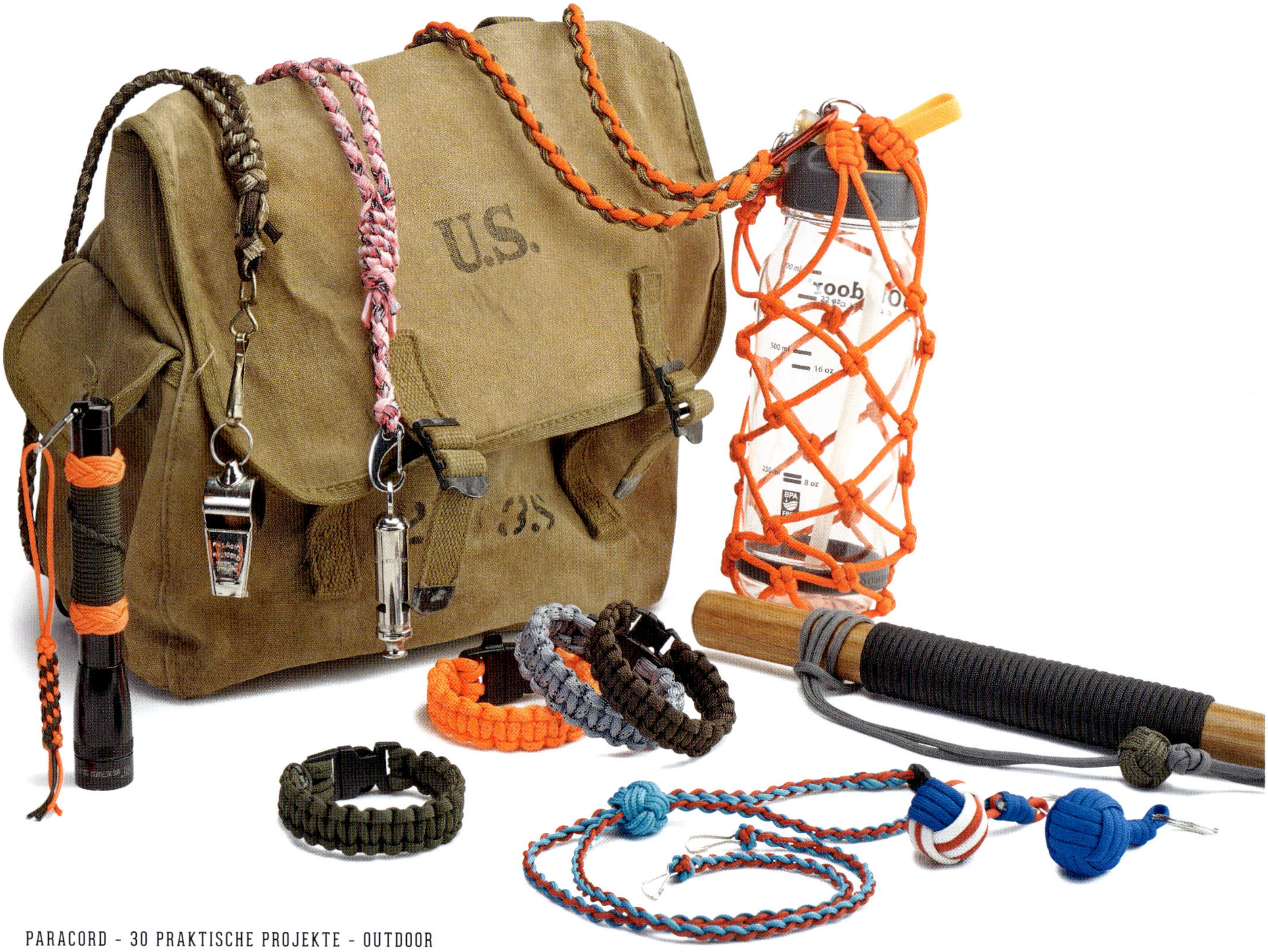

SO GELINGT DER ANFANG

Die Arbeit mit Paracord ist leicht und kurzweilig. Sie benötigen nur eine Handvoll an Hilfsmitteln und einige Längen Schnur, um unzählige handliche Werkstücke knüpfen zu können. Dieser Abschnitt zeigt Ihnen das Werkzeug, das Sie brauchen, um die Werkstücke in diesem Buch zu fertigen. Sie finden auch einige tolle Tipps und Tricks, um die Arbeit mit Paracord so einfach wie möglich zu gestalten.

Die Anatomie der Fallschirmschnur

Fallschirmschnur besteht aus einer Ummantelung von Nylonfäden, die über die inneren, miteinander verdrillten Nylonfäden (die so genannte Seele) geflochten werden. Die Anzahl der verwendeten einzelnen Nylonfäden für Mantel und Seele variiert je nach Dicke des Seils. Beim Paracord 550 (dem am weitesten verbreiteten Typus) werden 32 Fäden für den Mantel und sieben oder acht Fäden für die Seele verwendet.

Paracord wird mithilfe einer Technologie hergestellt, die sich auf das späte 19. Jahrhundert zurückführen lässt. Das Nylongarn wird erst auf Spulen gewickelt und dann auf einer Maschine verflochten, die sich Maypole-Flechtmaschine nennt. Der größte Hersteller dieser Flechtmaschinen war die New England Butt Company of Providence in Rhode Island. Auch wenn diese Firma inzwischen ihren Betrieb eingestellt hat, so flechten die Maschinen, die diese Firma gebaut hat, bis heute rund um die Uhr.

Obwohl Nylon eine synthetische Faser ist, unterliegt es bei jeder Charge Schwankungen in Größe und Farbe. Dies bedeutet, dass das Seil, das auf ein und derselben Maschine aber aus Fäden verschiedener Chargen hergestellt wird, in Dicke, Farbe, Größe, Griffigkeit und Glanz variieren kann.

Abb. 1

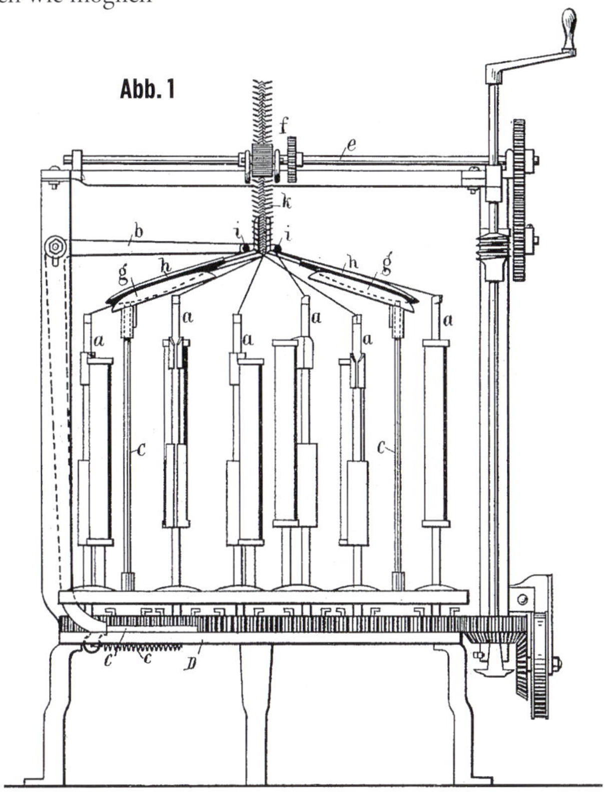

Abbildung 1. Diese Illustration stammt aus einem Patent von 1888 für Verbesserungen der Flechtmaschinen, die für gewöhnlich zu dieser Zeit verwendet wurden.

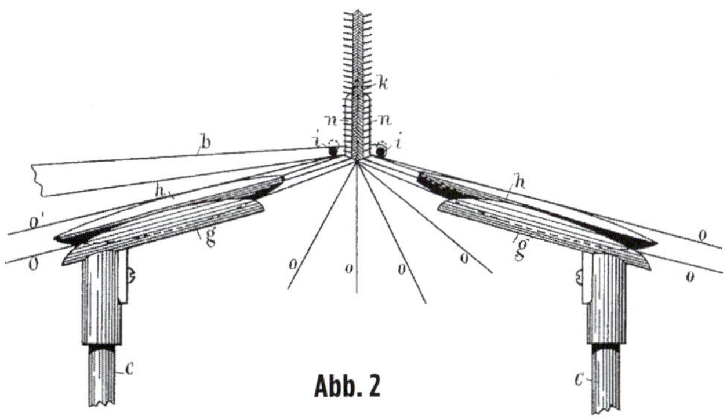

Abb. 2

Abbildung 2. Um das Seil zu flechten, wurden Spulen mit Garn auf den Halterungen angebracht. Ein Ledergurt wurde an einer Antriebswelle angebracht, um die Halterungen zu bewegen, sodass das Garn um die Seele geflochten wurde.

Abb. 3

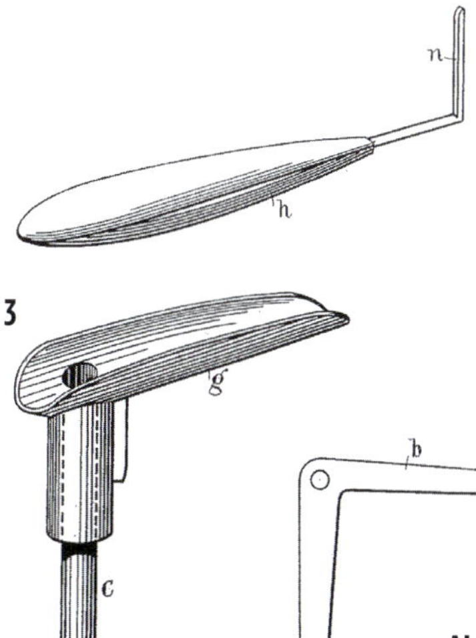

Abb. 4

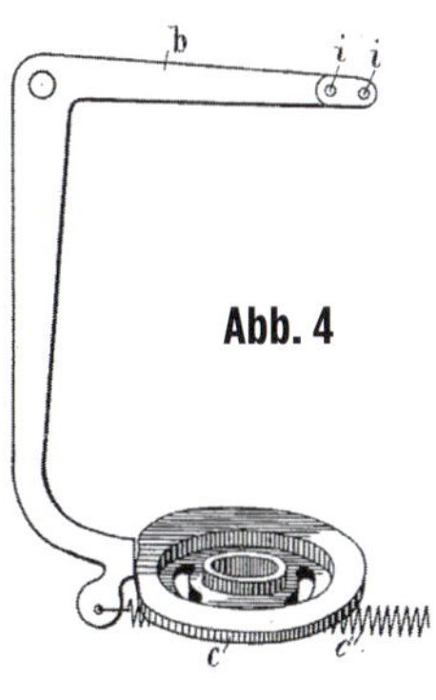

Abbildung 3 und 4. Das fertig geflochtene Seil kommt oben aus der Maschine heraus und wird um eine Abnahmerolle geführt, wo es in einem Korb gesammelt oder auf eine Spule gewickelt wird.

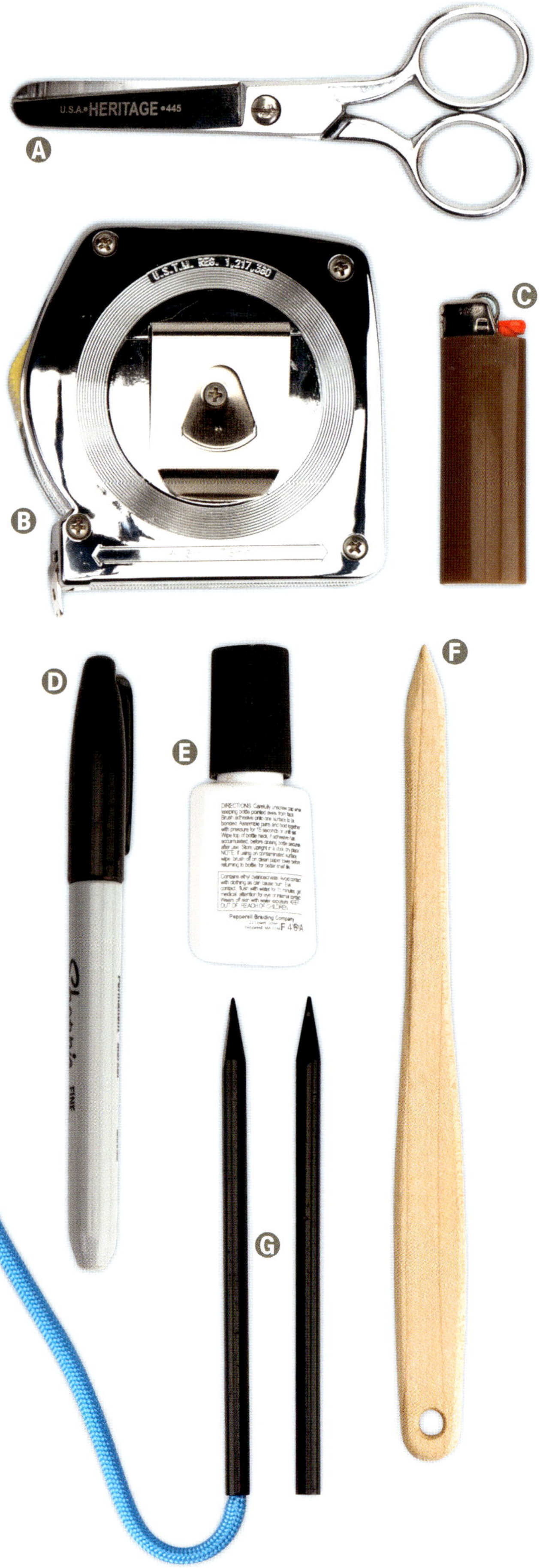

Werkzeug

Eine gute, scharfe Schere, ein Feuerzeug und ein Zollstock oder ein Maßband sind alles, was Sie wirklich brauchen, um mit Paracord arbeiten zu können. Diese Grundausrüstung erlaubt es Ihnen, sofort loszulegen, allerdings machen die unten aufgelisteten zusätzlichen Werkzeuge die Arbeit ein bisschen leichter, was auch mit mehr Spaß verbunden ist.

Ⓐ HOCHWERTIGE SCHERE
Eine stabile und scharfe Schere ist notwendig, um den Paracord sauber durchzuschneiden.

Ⓑ ZOLLSTOCK ODER MASSBAND
Für die meisten Arbeiten benötigen Sie ein recht langes Stück Paracord, weshalb Sie mit einem normalen Lineal nicht mehr auskommen werden. Sie können aber auch für eine Schnellmessung Markierungen an Ihrem Arbeitsplatz anbringen.

Ⓒ FEUERZEUG
Das Feuerzeug wird einerseits dazu verwendet, um zwei Paracordstücke miteinander zu verschmelzen, und andererseits, um ein Auftrennen der Enden zu verhindern.

Ⓓ SCHWARZER PERMANENTMARKER
Er eignet sich gut, um die Länge der Schnur zu markieren oder auch um verschmolzene Enden zu verschönern.

Ⓔ CYANOACRYLATKLEBER
Als Superkleber verkauft, kann dieser Klebstoff verwendet werden, um die Enden des Paracords zu sichern und vor dem Auftrennen zu schützen, wenn ein Verschmelzen sich als schwierig erweist.

Ⓕ MARLSPIEKER
In seiner Ursprungsform ist ein Spieker einfach ein Stab mit Spitze. Er wird verwendet, um Knoten fester zu ziehen oder sie zu lösen.

Ⓖ FLECHTNADEL
Hierbei handelt es sich um ein hohles Röhrchen, das an einem Ende spitz ist und an dessen anderem Ende ein Faden befestigt ist. Das Fadenende kann mit einem Paracord-Ende verknotet werden, um so Knoten zu knüpfen oder den Paracord zu verweben.

ÜBER DAS METRISCHE SYSTEM

Dieses Buch wurde im englischsprachigen Original sowohl im angloamerikanischen als auch im metrischen System, also in Yards und Inches, verfasst. Da im deutschsprachigen Raum jedoch das metrische System gängiger ist, wird in der Übersetzung nur mit diesem gearbeitet – nicht zuletzt auch, um eine mögliche Fehlerquelle zu beseitigen. Durch diese Umrechnung erklären sich auch einige „krumme Zahlen" bei verschiedenen Längenangaben, die übrigens eher großzügiger als zu kurz umgerechnet wurden.

H

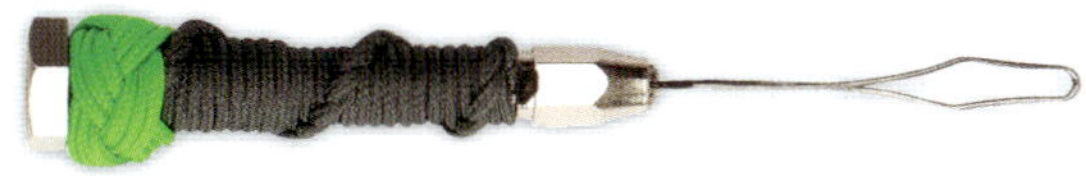

I

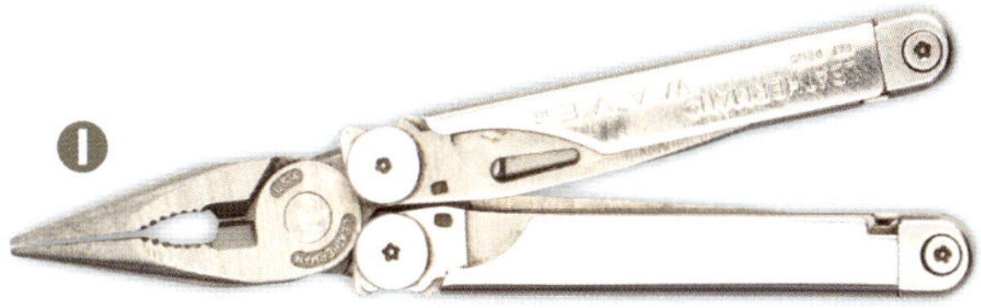

H SPLEISSWERKZEUG
Hierbei handelt es sich um eine Metallschlinge an einem Griff, die verwendet wird, um die Seilenden zurück in den Knoten oder Zopf zu weben. Ersatzweise können Sie eine Büroklammer oder ein Stück U-förmigen steifen Draht verwenden.

I ZANGE
Eine Spitzzange ist nützlich, um Knoten festzuziehen.

J VIELZWECKKLEMMEN
Sie werden verwendet, um das Werkstück zu sichern, wenn Sie Ihre Arbeit unterbrechen müssen.

K PARACORD-WICKLER
Die Wickler helfen dabei, das Seil ordentlich und knotenfrei aufbewahren zu können.

L C-KLEMMEN
Dieses handliche Werkzeug erlaubt es Ihnen, besonders große Werkstücke zu fertigen, die zu groß für eine Armband-Spannvorrichtung sind, wie etwa der praktische Gurt auf Seite 24.

M ARMBAND-SPANNVORRICHTUNG
Dieses einfache Werkzeug erleichtert Ihnen das Armbandknüpfen enorm. Wenn Sie vorne und hinten einen Schraubhaken anbringen, wie auf dem Bild gezeigt, können Sie die Vielseitigkeit dieses Werkzeugs noch vergrößern.

N KNÜPFVORRICHTUNG FÜR DIE AFFENFAUST
Dieser einfache Rahmen macht das Knoten der Affenfaust leicht. Er ist sehr hilfreich, wenn Sie Affenfäuste mit zwei oder mehr Farben knoten möchten.

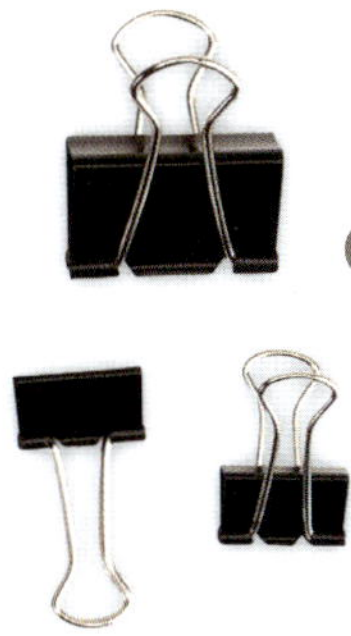

J

K

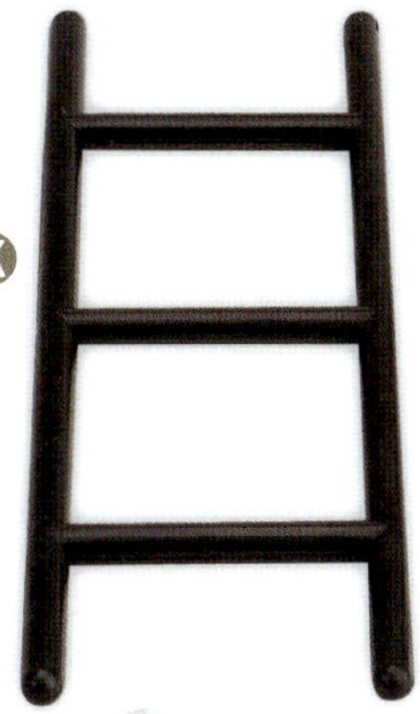

L

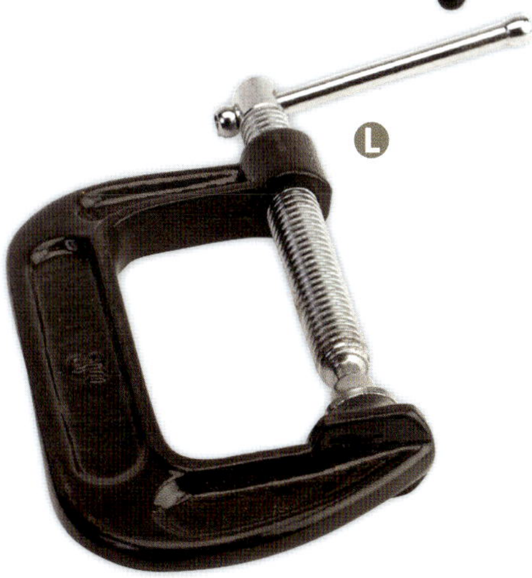

M

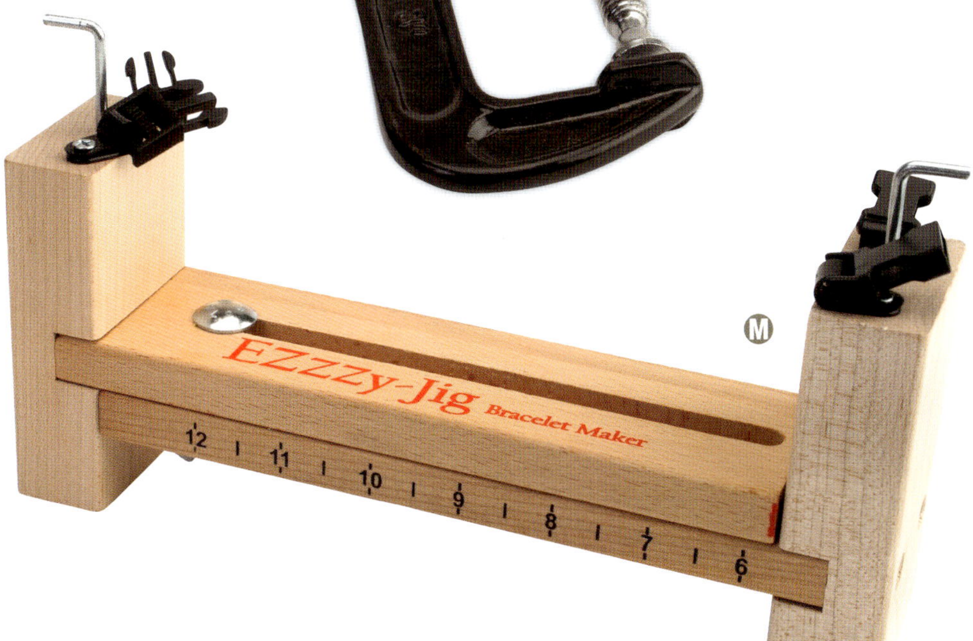

N

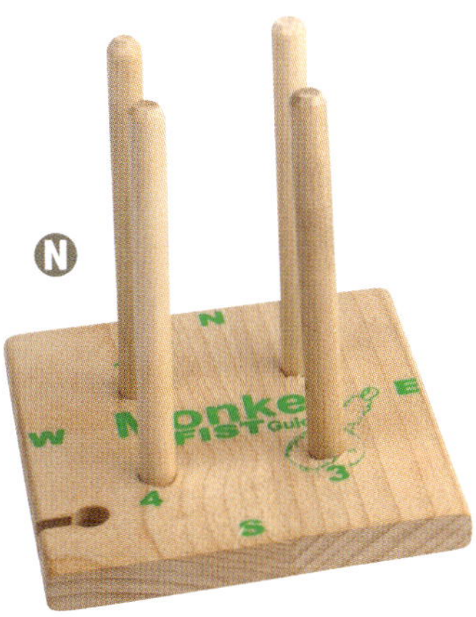

Tipps und Techniken

Was Paracord einfach großartig macht, ist, dass er leicht zu verarbeiten ist. Das fest verflochtene Seil ist weich und trotzdem auch ein bisschen rau; es ist unglaublich stark mit genau der richtigen Elastizität. All das macht es zu einem schönen Seil, das sich gut verknoten lässt. Es gibt ein paar Techniken, die Sie beherrschen müssen, um erfolgreich mit Paracord zu arbeiten und schöne Werkstücke herzustellen.

Arbeiten Sie genau! Handelsüblicher Paracord wird in kleineren oder größeren Strängen verkauft, die auf Spulen oder um Plastikrahmen gewickelt sind. Die Spulen und Rahmen eignen sich gut, um direkt mit ihnen zu arbeiten, ebenso wie die kleinen Stränge. Größere Stränge (15–30 m) können sich allerdings in einen wahren Knotensalat verwandeln.

Wenn Sie einen großen Strang aus seiner Verpackung nehmen, achten Sie darauf, ihn unversehrt zu lassen. Suchen Sie sich die Mitte des Stranges und schieben Sie Ihre Finger hindurch, sodass sie ihn zu einer runden Schlinge nehmen können. Sichern Sie die Schlinge dann mit einem Gummiring.

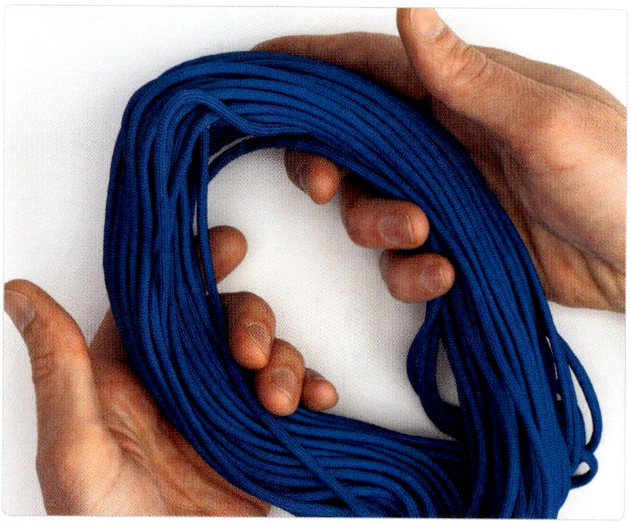

Suchen Sie sich die Mitte des Stranges und schieben Sie Ihre Finger hindurch.

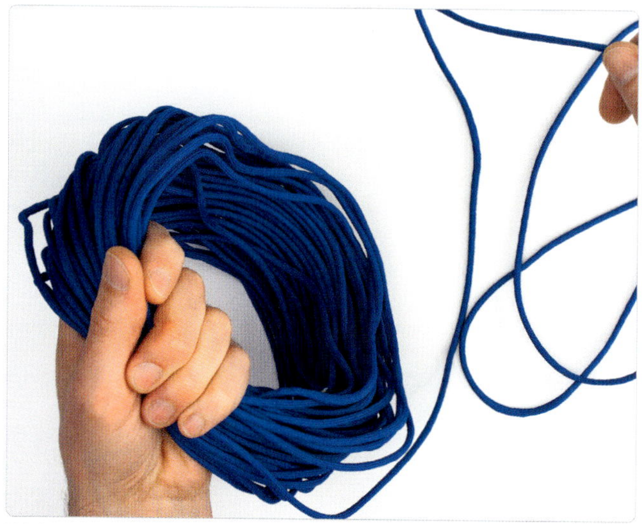

Wickeln Sie die benötigte Menge an Paracord von Ihrem Strang ab.

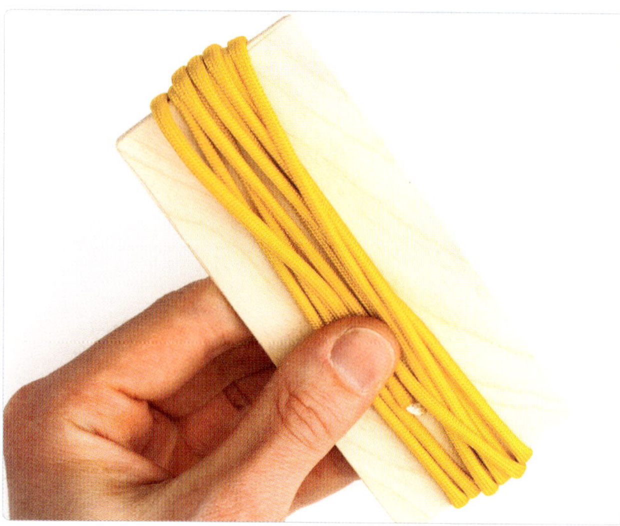

Wickeln Sie geringere Paracordmengen auf ein Stück Holz, um sie als kleine Spulen zu verwenden.

Wickeln Sie geringere Paracordmengen, die Sie für Ihre Arbeit benötigen, als kleinere Spule auf ein 10 x 15 cm großes Stück festen Kunststoff oder Sperrholz. Sichern Sie die Spule mit einem Gummiband. So bleibt Ihr Paracord ordentlich sortiert.

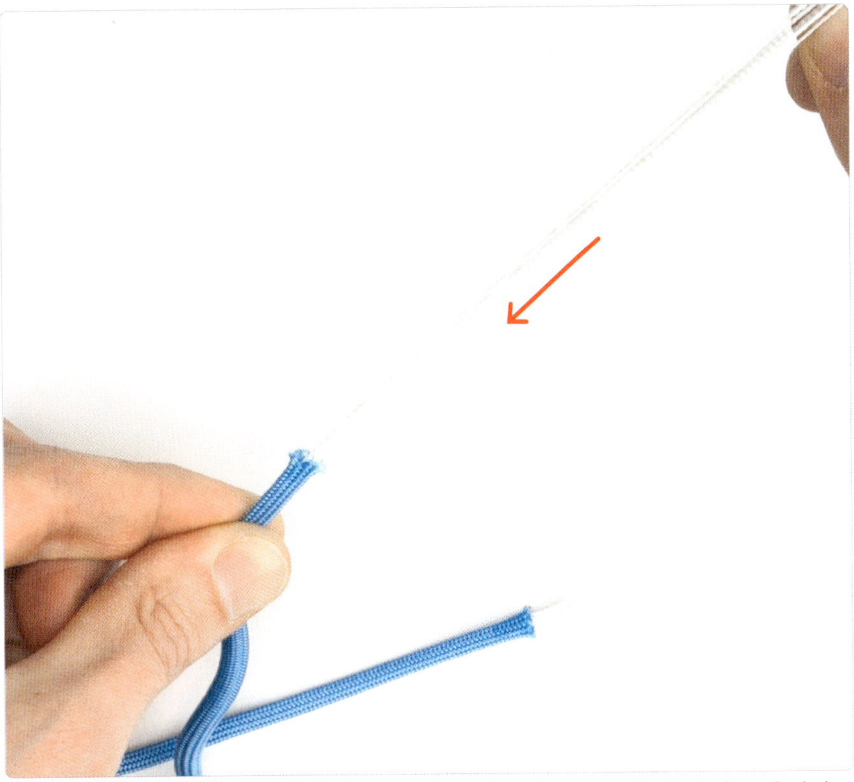

Halten Sie die Seele fest, während Sie den Mantel abziehen. Entsorgen Sie die Seele und arbeiten Sie nur mit dem Mantel.

Den Paracord glätten. Während der Verarbeitung können sich die Fäden der Seele zu einem Büschel verzwirbeln. Wenn dies passiert, sieht das Seil verdreht oder klumpig aus, auch wenn es geglättet und ausgedreht wurde. Um diese Knubbel zu entfernen, schneiden Sie ein Stück Seil zurecht, das einige Zentimeter länger ist, als Sie es für Ihre Arbeit benötigen. Nehmen Sie die Seele zwischen Ihre Fingerspitzen und legen Sie sie frei. Erfassen Sie sie und ziehen Sie sie auf beiden Seiten ein Stück weit aus dem Mantel heraus, um die Knubbel zu glätten. Ziehen Sie das Seil dann durch Ihre Finger, um die Verwindungen zu glätten. Schneiden Sie dann das Ende des Seils zurecht und verschmelzen Sie es (siehe Seite 8).

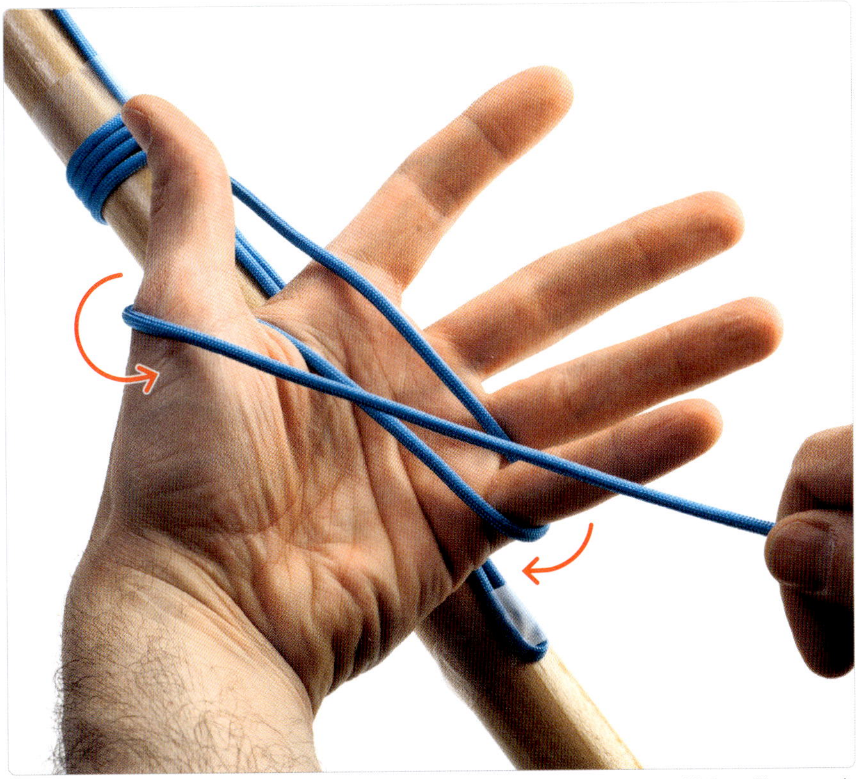

Wickeln Sie lange Stücke Paracord in einer Acht um Ihren Daumen und Ihren kleinen Finger und fixieren Sie das Bündel dann mit einem Gummiring.

Die Seele entfernen. Das Entfernen der Seele und die Verwendung des Mantels allein macht das Seil flacher, sodass Sie Ihr Werkstück aus flacheren und festeren Knoten fertigen können. Um die Seele zu entfernen, müssen Sie beide Enden des Seils abschneiden. Halten Sie dafür ein Ende fest, um die Seele herauszuziehen. Erfassen Sie die Seele und halten Sie sie fest, während Sie den Mantel herunterziehen. Die Enden flach verschmelzen (siehe Seite 8.)

Das Seil aufwickeln. Wann immer Sie mit einem langen Stück Paracord arbeiten, sollten Sie es zu einer Acht um Ihren Daumen und Ihren kleinen Finger aufwickeln. Fixieren Sie dieses Bündel mit einem Gummiring. Bewahren Sie dieses Bündel während der Arbeit sorgfältig auf, sodass Sie immer leicht das Arbeitsende finden und das Seil durch die Knoten ziehen können. So können Sie schneller arbeiten, da Sie nicht immer die ganze Länge Paracord durch die Knoten ziehen müssen. Ziehen Sie einfach etwas Seil aus dem Bündel, wenn Sie mehr benötigen.

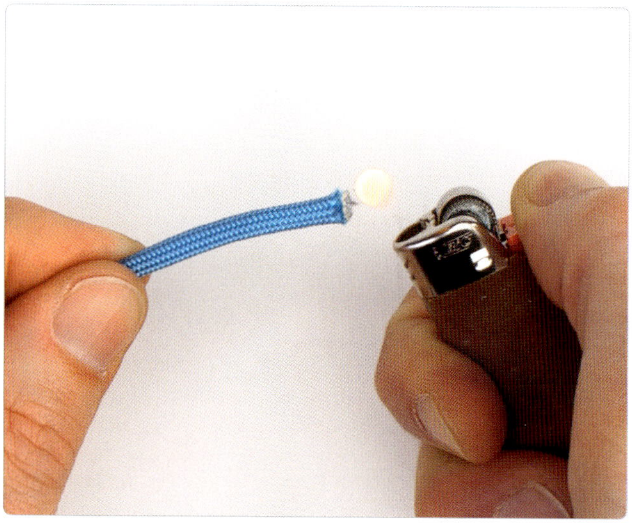

Halten Sie eine Flamme in die Nähe des Seils, um das Nylon aufzuweichen. Formen Sie es dann wie gewünscht mit der Rückseite der Schere.

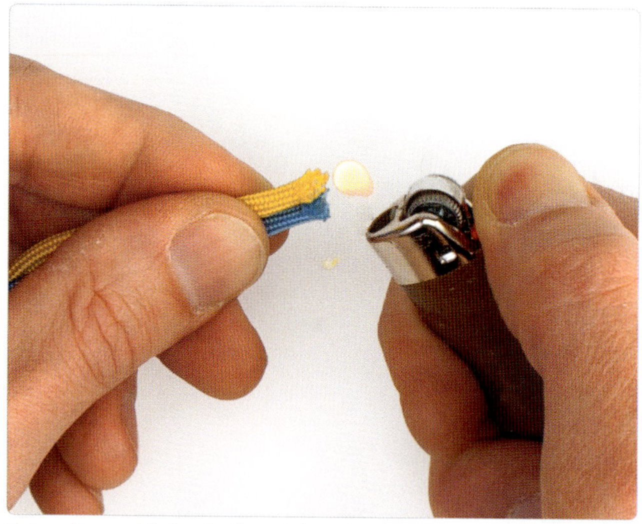

Halten Sie zwei Seile, die Sie miteinander verschmelzen möchten, mit den Enden parallel nebeneinander. Halten Sie die Flamme in die Nähe der Enden, um sie aufzuweichen.

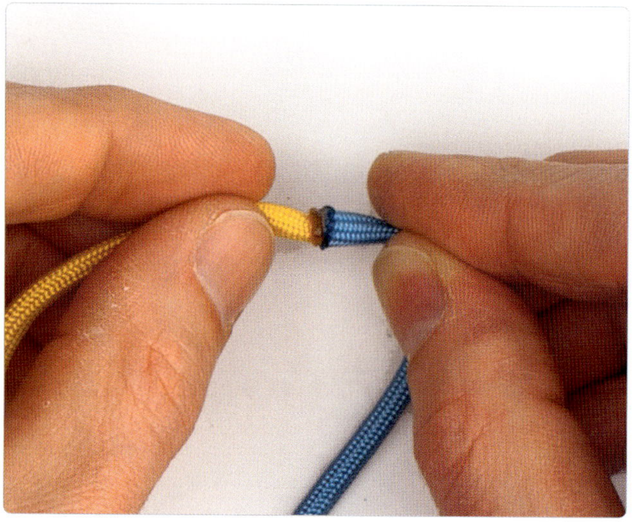

Drehen Sie die Seilenden um und drücken Sie die nun weichen Enden aneinander. Halten Sie sie so lange fest, bis das Nylon abgekühlt ist.

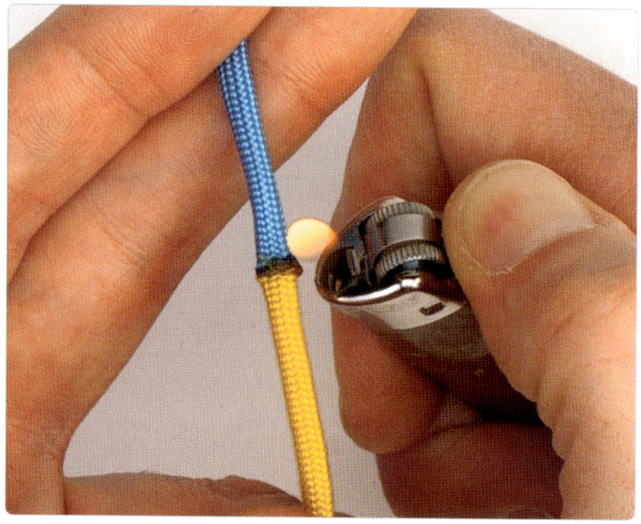

Halten Sie die Flamme in die Nähe des Verschmelzungspunktes und drehen Sie das Seil, sodass es von allen Seiten weich wird. Glätten und formen Sie den weichen Verschmelzungspunkt mit dem Rücken Ihrer Schere.

Seilenden verschmelzen. Nylon lässt sich schmelzen, weshalb es leicht ist, Ihrer Arbeit einen schönen sauberen Eindruck zu schenken. Seien Sie beim Verschmelzen vorsichtig und beaufsichtigen Sie Ihre Kinder, wann immer sie mit Feuer und Hitze arbeiten. Arbeiten Sie in einer gut belüfteten Umgebung. Ein Abluftventilator erweist sich als nützlich, am besten ist es aber natürlich, im Freien zu arbeiten. Arbeiten Sie immer mit Bedacht und wenden Sie sich bei Fragen und Unsicherheiten an die örtliche Feuerwehr!

Benutzen Sie für ein professionell wirkendes verschmolzenes Ende ein Feuerzeug, um das Nylon an einem Ende des Paracord aufzuweichen. Führen Sie das Ende nie ins Feuer; so entsteht Brandgefahr und das Seil wird versengt und schwarz. Wenn das Nylon weich ist, verwenden Sie die stumpfe Seite Ihrer Schere, um es zu formen oder flachzudrücken. Seien Sie dabei vorsichtig – das Nylon ist heiß und Sie können sich verbrennen. Die verschmolzenen Enden dunkler Seile können mit einem schwarzen Permanentmarker ausgebessert werden.

Um zwei Seilenden miteinander zu verbinden, halten Sie sie parallel nebeneinander. Verwenden Sie ein Feuerzeug, um beide Enden gleichzeitig aufzuweichen. Wenn beide Enden beginnen, weich zu werden, legen Sie das Feuerzeug weg und drehen Sie die Enden, um sie aneinanderzufügen. Drücken Sie die Enden zusammen, bis das Nylon abkühlt. Erhitzen Sie es erneut und glätten Sie den Verschmelzungspunkt mit der Rückseite der Schere.

Manchmal funktioniert das Verschmelzen nicht, ohne dass ein anliegendes Stück Paracord in Mitleidenschaft gezogen wird.

In solchen Fällen ist es besser, die Enden mithilfe eines Bürstenapplikators mit Cyanoacrylatkleber (Superkleber) zu verschließen. Wenn der Kleber getrocknet ist, verstecken Sie die Enden in der Arbeit.

Verwundenes Seil. Eine Verwindung ist eine Verdrehung, die durch Drehkraft in entgegengesetzte Richtungen entsteht. Wenn dies mit Paracord passiert, kann aus einem schönen, geraden Stück schnell ein unordentlicher Knotensalat werden.

Achten Sie immer auf die Drehung, wenn Sie mit Paracord arbeiten. Allein das Verknoten bringt das Seil dazu, sich zu verdrehen und zu verwinden, weshalb Sie wissen müssen, wie man es wieder ausdreht, damit Ihr Werkstück das ordentliche und saubere Erscheinungsbild erhält, das Sie sich wünschen. Dies lässt sich allerdings nur mit Übung meistern.

Wenn Sie einen Knoten machen, verdrehen Sie das Seil, sodass es den Schlingen folgen kann. Dies ist vor allem bei verwobenen Knoten, wie dem Türkenbund oder der Affenfaust, sehr wichtig. Mit der richtig angewandten Verwindung werden die Knoten gut halten und ordentlich und gleichmäßig aussehen.

Länge und Stärke. Auf der Materialliste eines jedes Werkstücks wird die Paracord-Stärke (550, 325 usw.) angegeben. Sie können aber jede gewünschte Stärke verwenden, solange Sie dabei beachten, dass Sie abhängig vom Durchmesser noch Paracord zugeben müssen. Alle angegebenen Längen sind Schätzlängen mit ausreichender Zugabe, um die Arbeit mit verschiedenen Knoten und das Verweben leichter zu machen.

Reinigung des Paracord. Fertige Werkstücke können mit kaltem oder lauwarmem und sehr mildem Waschmittel gereinigt werden. Verwenden Sie eine weiche Bürste, um Staub und Schmutz zu entfernen. Das Seil kann nach dem Waschen ein bisschen einlaufen, aber für gewöhnlich kann es zurück in seine ursprüngliche Form gezogen werden.

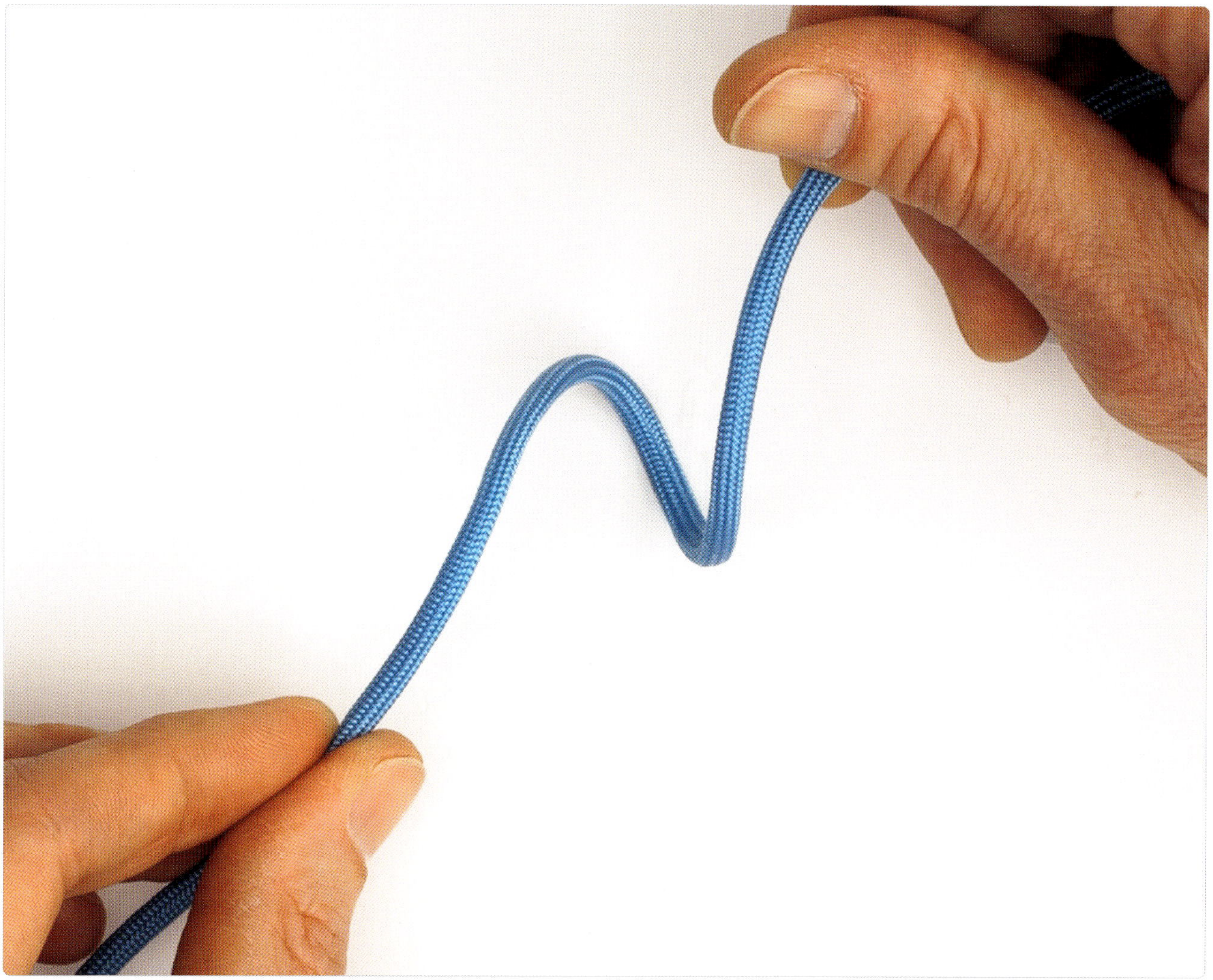

In Paracord können Verwindungen entstehen, die den Knoten klumpig werden lässt. Achten Sie auf die Richtung der Verwindung, während Sie arbeiten, und ent- oder verdrehen Sie den Paracord so, wie es notwendig ist, um sicherzugehen, dass Ihr Knoten schön flach wird.

ÜBERLEBENSARMBAND

Überlebensarmbänder sind eine tolle und stilsichere Art, immer ein bisschen Paracord mit sich zu tragen. Ein durchschnittliches Armband für Erwachsene besteht aus 1,8–2,5 Metern Seil. Zusätzlich können kleine Gegenstände, die sich im Notfall als nützlich erweisen, in das Armband hineingeknotet werden, um später zur Hand zu sein. Ein Name, wer im Notfall zu verständigen ist, und ein bisschen Geld sind nützliche Dinge, die man z. B. in ein solches Armband einknoten kann.

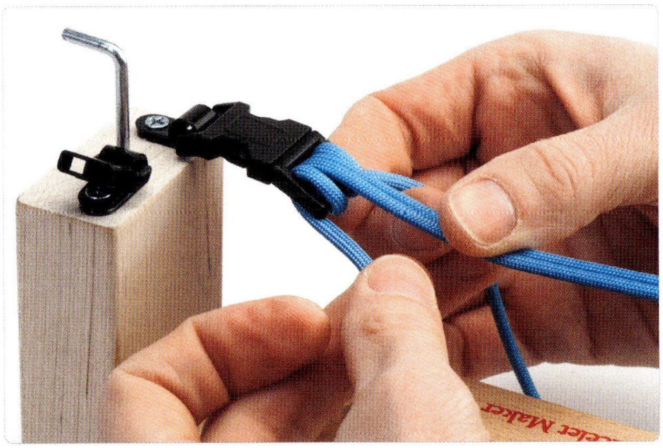

1 Falten Sie das Seil, um in der Mitte eine Schlinge zu bilden. Führen Sie diese durch das Ende einer Schnalle, um einen doppelten Ankerstich (siehe Seite 31) zu machen. Führen Sie die Arbeitsenden des Seils durch das andere Ende der Schnalle und wickeln Sie sie dabei zweimal um die Schnalle.

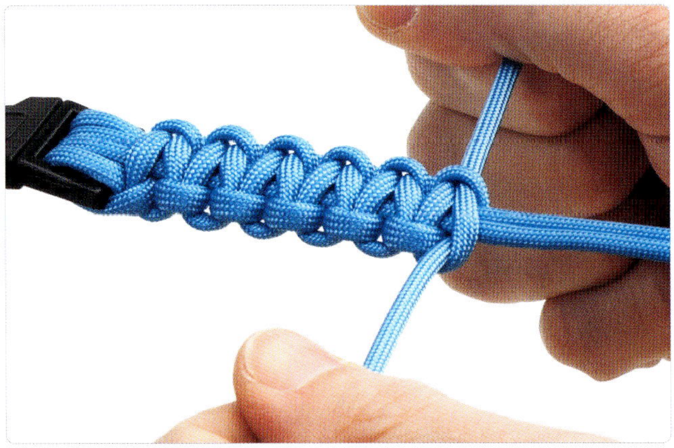

2 Verwenden Sie die Arbeitsenden, um Kreuzknoten über die Trägerseile (siehe Seite 35), die auf die beiden Schnallenenden gespannt sind, zu knoten. Sie können auch eine Spirale aus halben Schlägen (siehe Seite 37) machen, um ein Spiralarmband zu erhalten.

3 Drehen Sie das Werkstück um, sodass die Unterseite nach oben zeigt, um die Arbeit fertigzustellen. Lösen Sie die Schlinge der letzten Masche und führen Sie das untere Arbeitsende hindurch, um es in die Mitte des Armbandes zu bringen. Ziehen Sie die Schlinge wieder fest.

4 Schneiden Sie die Arbeitsenden zu. Klopfen Sie leicht gegen die Arbeitsenden, bis sie beginnen, sich aufzutrennen. Weichen Sie sie dann mit einem Feuerzeug auf und drücken Sie sie mit der Rückseite der Schere flach.

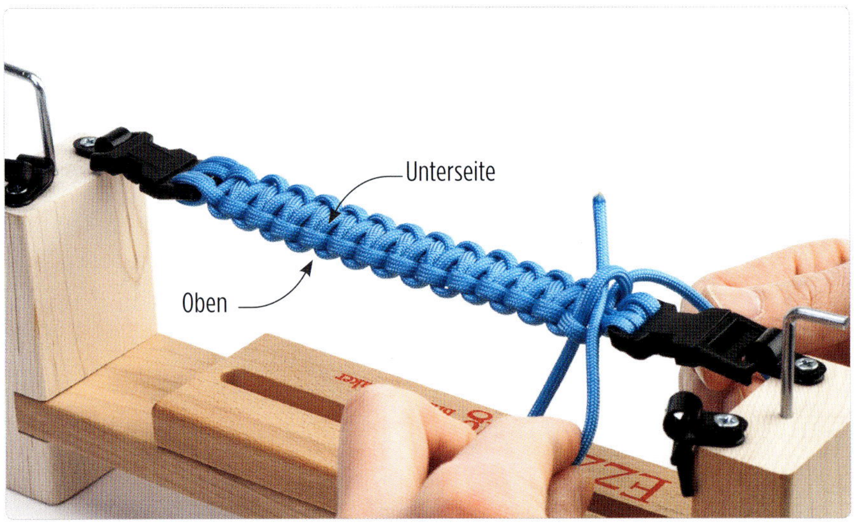

TIPP

Ein doppelter Ankerstich füllt die Schnalle besser aus als ein einfacher Ankerstich und gibt dem Armband den letzten Schliff.

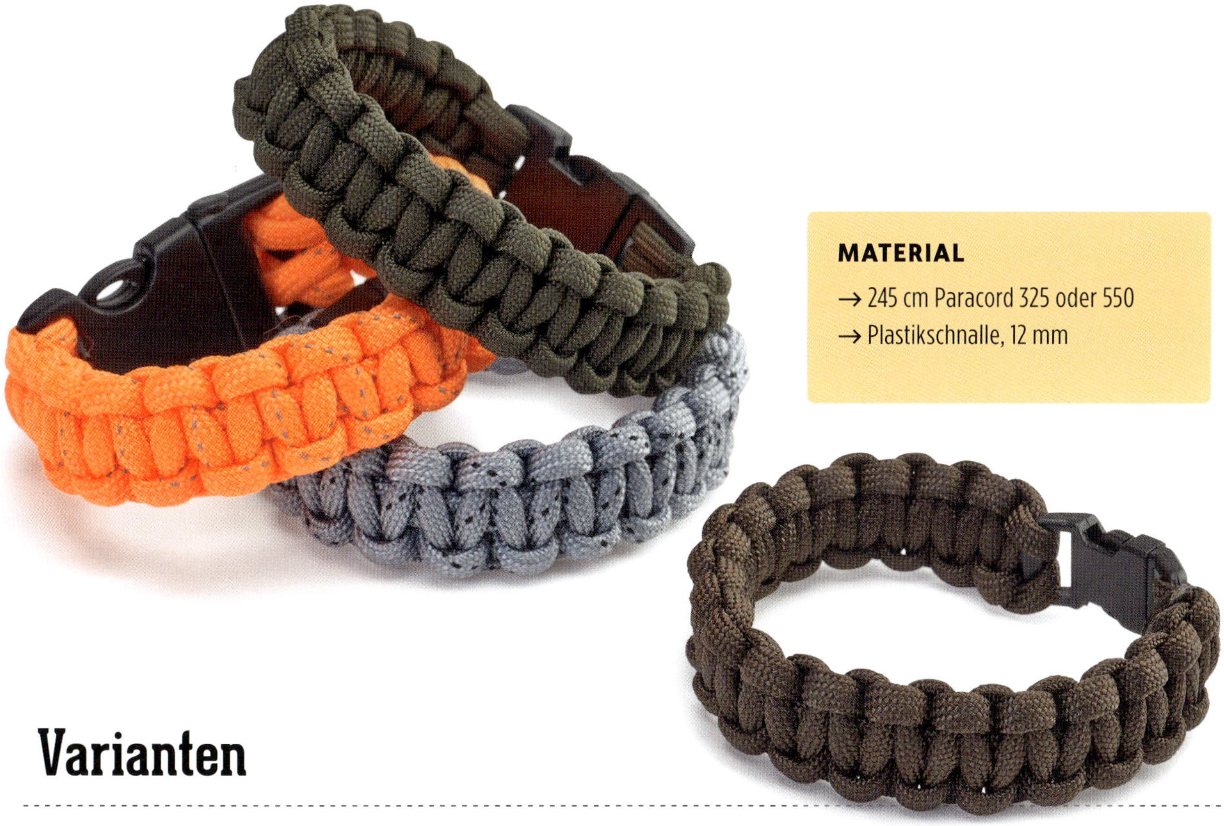

MATERIAL

→ 245 cm Paracord 325 oder 550

→ Plastikschnalle, 12 mm

Varianten

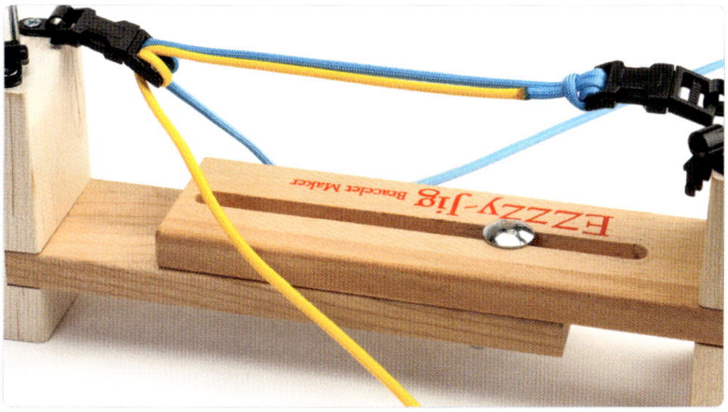

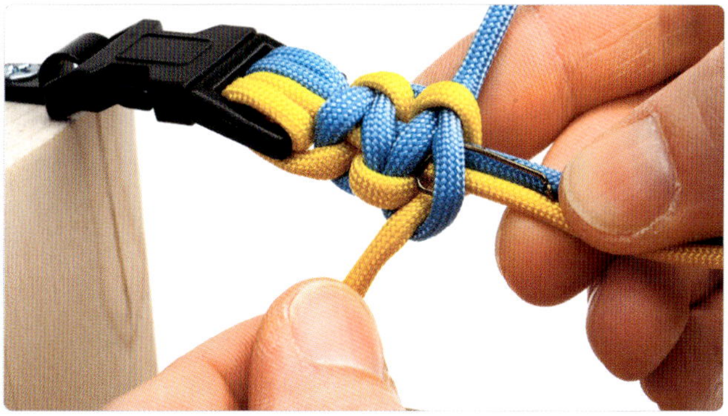

Zweifarbiges Armband. Um ein Zweifarbiges Armband zu knoten, verschmelzen Sie zwei Längen Paracord zu je 120 cm miteinander (siehe Seite 8). Befestigen Sie das Seil an der Schnalle, wie in Schritt 1 beschrieben, und achten Sie darauf, dass der Verschmelzungspunkt zwischen den beiden Schnallenenden liegt. Sie haben nun zwei Arbeitsenden in zwei verschiedenen Farben.

Versteckte Gegenstände. In die Mitte des Armbandes können Gegenstände für den späteren Gebrauch eingeknotet werden. Sie können zum Beispiel einen Angelhaken auf die Trägerseile legen und die Arbeitsenden vorsichtig darüber knoten. Für zusätzliche Sicherheit sollten Sie scharfe Gegenstände vor dem Einknoten mit Tesafilm umwickeln.

Kompass. Befestigen Sie einen Kompass mit Schnappverschluss in der Mitte des Armbandes. Knoten Sie bis zur Mitte des Armbandes Kreuzknoten. Setzen Sie dann den Kompass auf alle vier Fäden und fahren Sie dann mit dem Knüpfen von Kreuzknoten entlang der zweiten Hälfte des Armbandes fort.

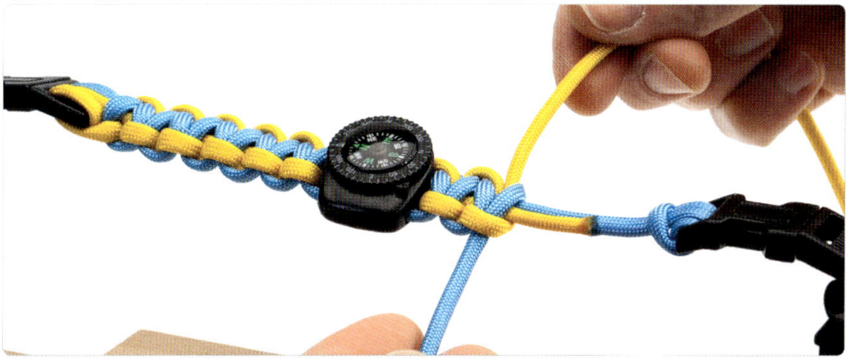

TIPP

Diese Armbänder sind Gebrauchsgegenstände. Haben Sie keine Scheu davor, sie auseinanderzunehmen, wenn es notwendig ist. Sie sind so leicht und schnell geknüpft, dass Sie binnen Minuten ein neues Armband machen können.

GRIFF FÜR DEN WANDERSTOCK

Der Wanderstock, der sich vollkommen an Ihre Bedürfnisse anpassen lässt, sorgt auf unebenen Wegen für Gleichgewicht und Stabilität. Er kann auch dafür verwendet werden, um zu prüfen, ob das Wandern über einen weichen und nassen Boden ein Sicherheitsrisiko darstellt oder ob Sie drübergehen können. Wenn Sie Ihren Wanderstock alle 10 cm mit einer Markierung versehen, können Sie ihn auch verwenden, um die Tiefe von Flüssen oder Bächen, die Sie überqueren müssen, abzumessen.

Ein Griff aus Paracord sorgt für guten Halt und ist gleichzeitig eine gute Art, ein Extra-Seil dabeizuhaben. Sie können zusätzlich eine Armschlaufe anbringen, um zu verhindern, dass Ihnen der Stock hinunterfällt. Verwenden Sie kräftige Farben, wenn Sie aus Sicherheitsgründen sichtbarer sein wollen!

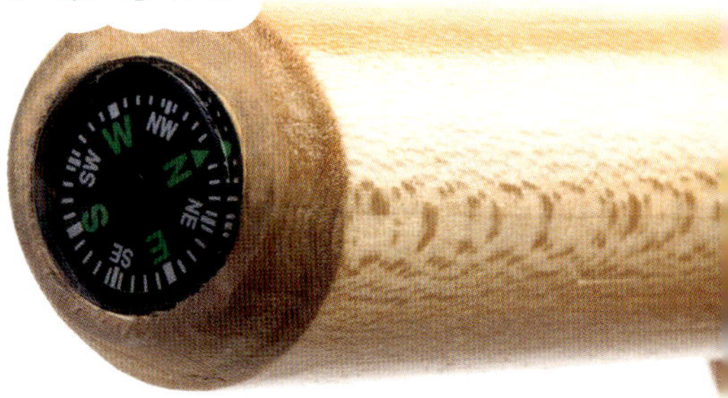

1 Sie können oben in Ihren Wanderstock ein Loch mit einem Durchmesser von etwa 2 cm und einer Tiefe von etwa 0,5 cm bohren. Kleben Sie dann mit Superkleber einen Kompass in das Loch.

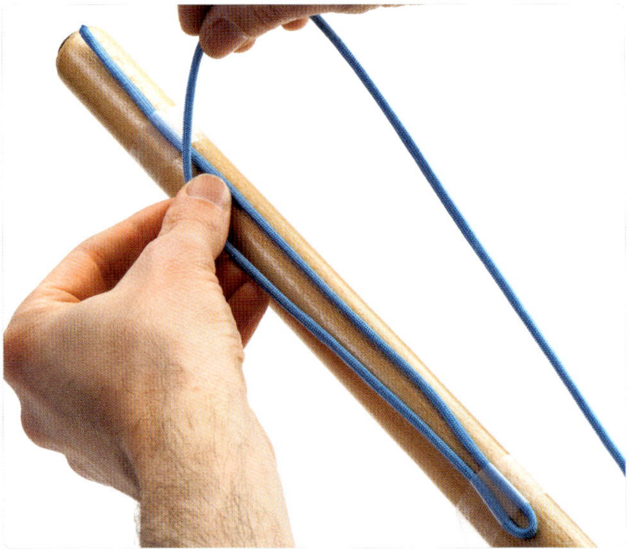

2 Machen Sie oben am Wanderstock eine Schlinge mit dem einen Ende des 490 cm langen Stücks Paracord und fixieren Sie diese mit einem Klebestreifen. Für eine Umwicklung von 15–20 cm sollte die Schlinge etwa 20 cm lang sein und 10 cm unter dem Ende des Stocks beginnen.

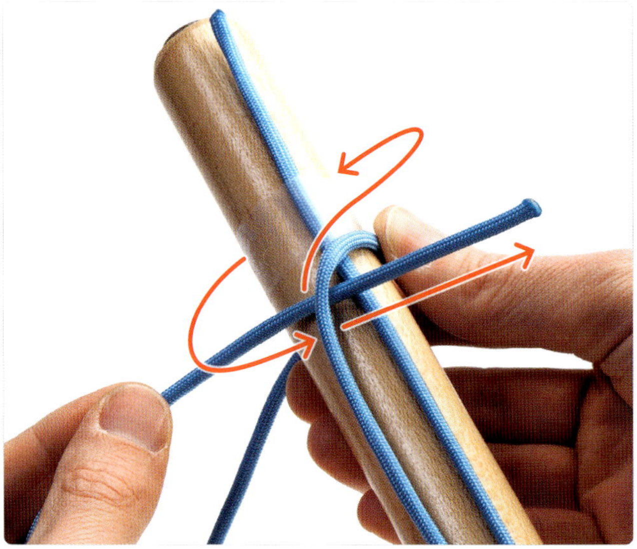

3 Führen Sie das Arbeitsende um den Stock herum und unter die linke Seite der Schlinge, die sie mit dem stehenden Ende des Seils gemacht haben.

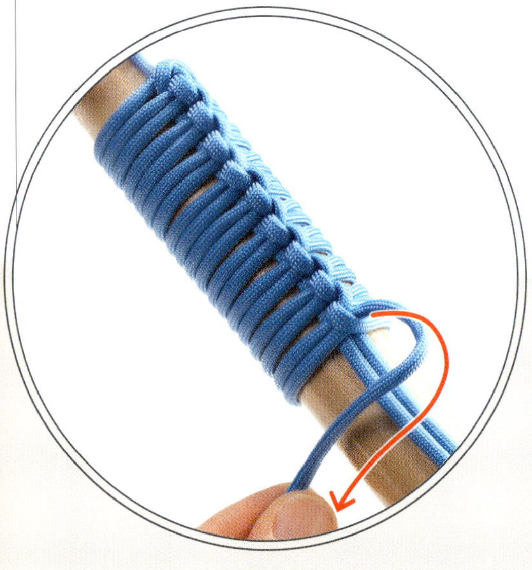

TIPP

So machen Sie es sich leichter, sich zu erinnern, in welche Richtung Sie bei abwechselnden halben Schlägen knüpfen müssen: Egal von welcher Seite das Seil kommt, biegen Sie es über sich selbst zurück und arbeiten Sie beim nächsten Knoten in die andere Richtung!

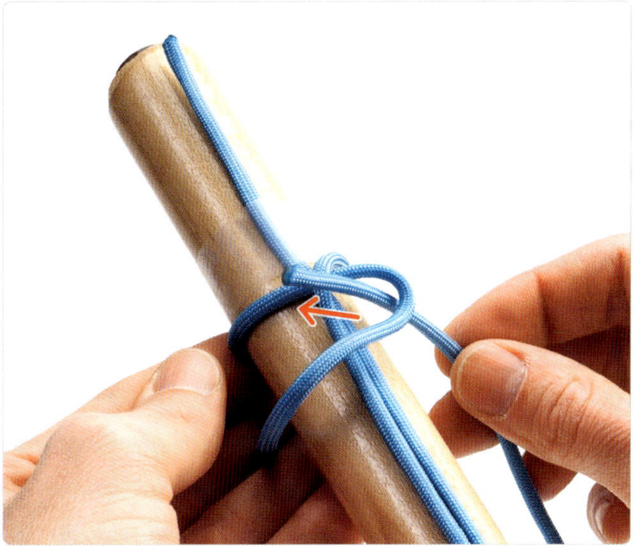

4 Ändern Sie die Richtung des Seils und machen Sie einen Halben Schlag (siehe Seite 32–33).

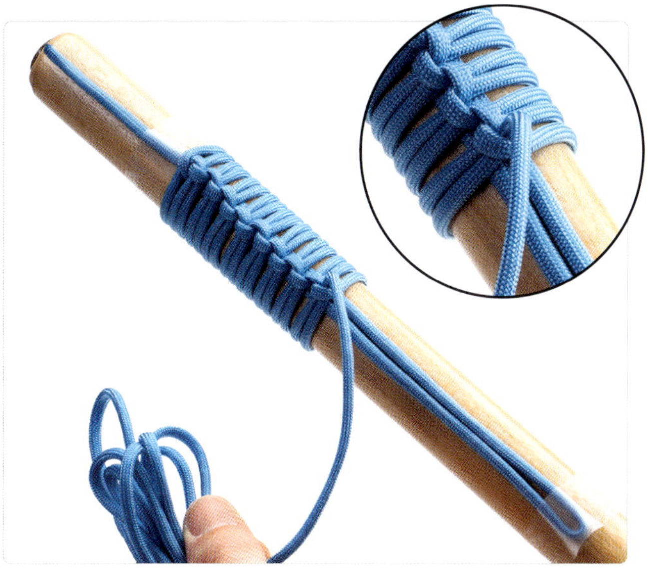

5 Knoten Sie um den Stab und über die Schlinge, die Sie mit dem stehenden Ende gebildet haben, Halbe Schläge nach links und nach rechts (siehe Seite 33). Lassen Sie die Schlinge unten frei. Knoten Sie einen Saum aus Halben Schlägen nach links und nach rechts über die Schlinge, um eine schöne Abschlusskante zu erhalten.

MATERIALIEN

→ 490 cm Paracord 550 (für die Wicklung)
→ 125–150 cm Paracord 550 (für die Armschlaufe)
→ 135 cm Paracord 325 (für Affenfaustperle)
→ Holzperle, 16 mm
→ Kompass (wahlweise)
→ Bohrer (wahlweise)
→ Superkleber (wahlweise)
→ Klebestreifen
→ Büroklammer

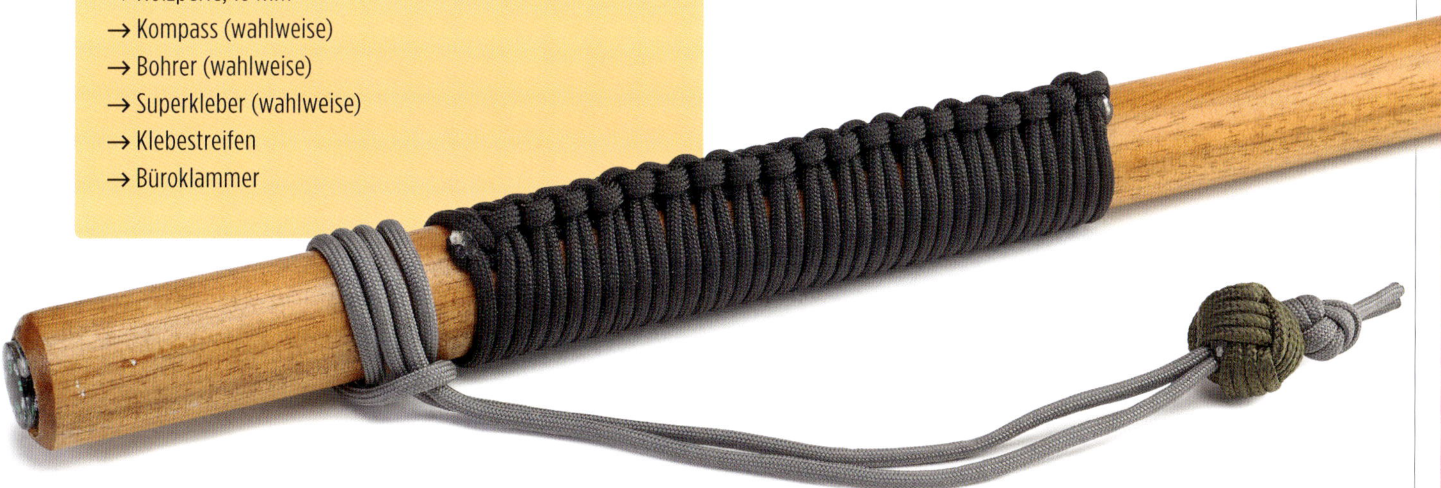

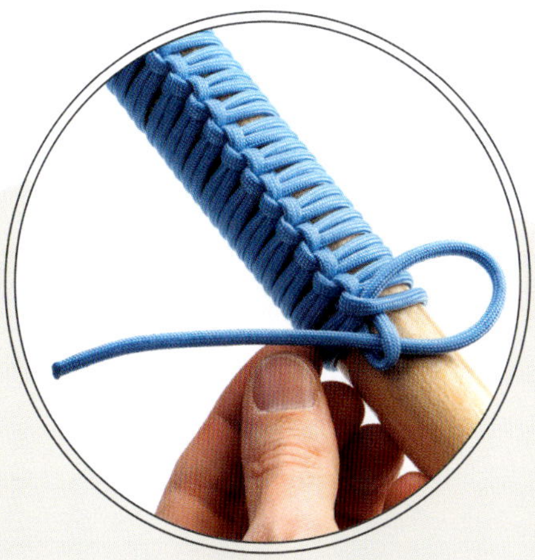

TIPP

Wenn Sie das Arbeitsende durch die untere Schlinge führen, bringen Sie es nach oben (statt nach unten) durch die Schlinge, damit das Ende mit dem Rand der Knoten abschließt.

6 Entfernen Sie den Klebestreifen vom stehenden Ende. Führen Sie das Arbeitsende durch die untere Schlinge. Ziehen Sie dann am stehenden Ende und ziehen Sie es entgegengesetzt zur Wicklung aus halben Schlägen. Hier kann eine Zange sehr hilfreich sein. Die Enden zurechtschneiden und verschmelzen oder mit Klebstoff verschließen.

7 Knoten Sie die Affenfaust-Perle, wie auf Seite 41 beschrieben.

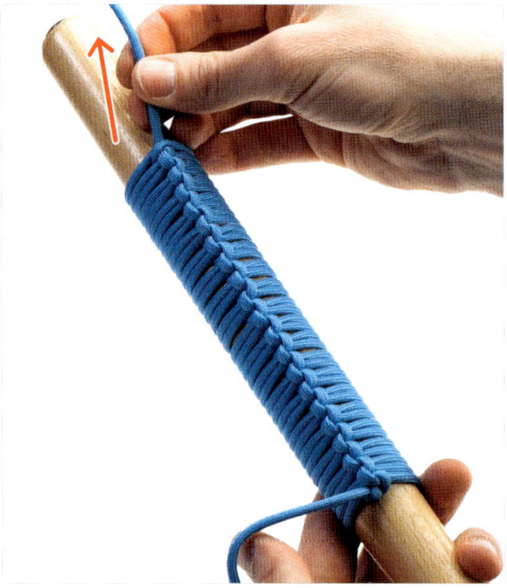

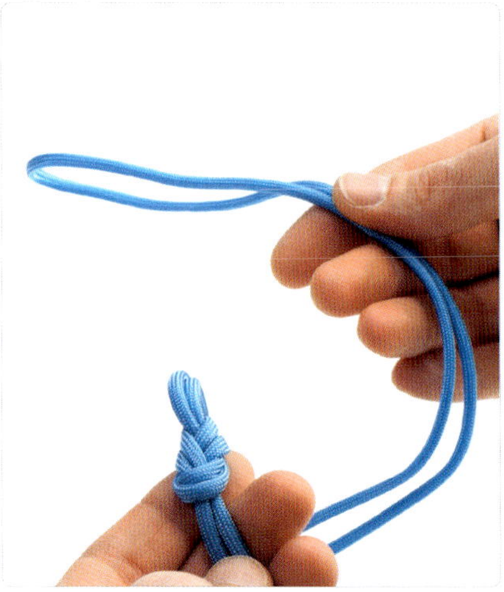

8 Machen Sie einen doppelten Achtknoten, wie auf Seite 34 beschrieben, und lassen Sie dabei eine lange Schlinge stehen.

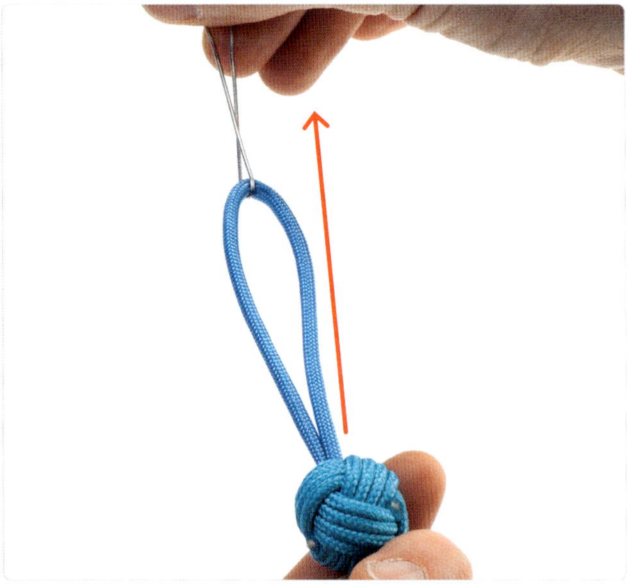

9 Klappen Sie eine Büroklammer auf und fädeln Sie sie durch die Schlinge des Achtknotens. Führen Sie die Enden der Büroklammer durch die Affenfaust-Perle und verwenden Sie sie, um die Schlinge des Achtknotens durch die Perle zu ziehen. Wenn nötig, benutzen Sie eine Zange.

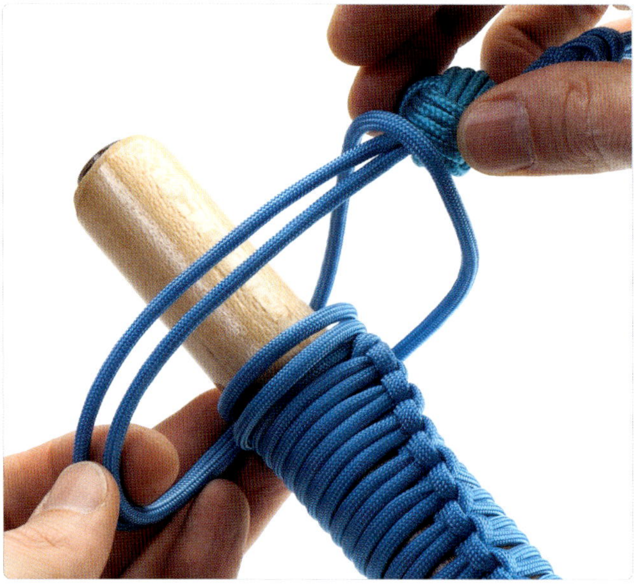

10 Bringen Sie die Armschlaufe mit einem doppelten Ankerstich am Griff oben am Wanderstock an.

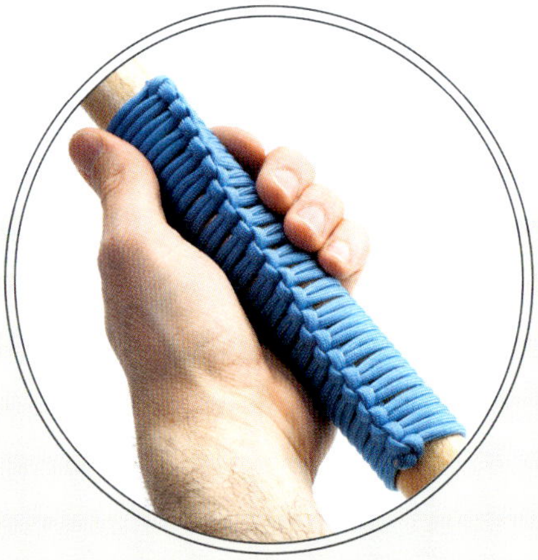

TIPP

Sie können die Schlingen der Knoten entlang des Stocks verdrehen, um einen besseren Halt zu bekommen.

SCHLÜSSELBAND FÜRS HANDGELENK

Jeder Gegenstand, der wertvoll und nützlich ist, kann von einem Schlüsselband fürs Handgelenk nur profitieren. Wenn Sie ein Band für einen Kompass oder eine Kamera verwenden, verhindern Sie damit Verlust und Zerstörung durch Herunterfallen. Wenn es an ein Werkzeug oder ein Messer angebracht wird, wird so die Sicherheit erhöht. Herunterfallende Messer und Hämmer sind gefährlich, vor allem, wenn Sie auf einem Baum oder an einer Klippe arbeiten.

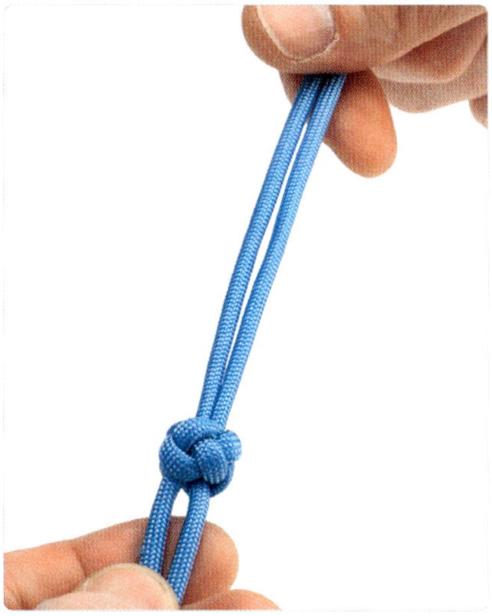

1 Knüpfen Sie mit einer Länge Paracord von 120 cm einen Schlüsselbandknoten, wie auf Seite 40 beschrieben.

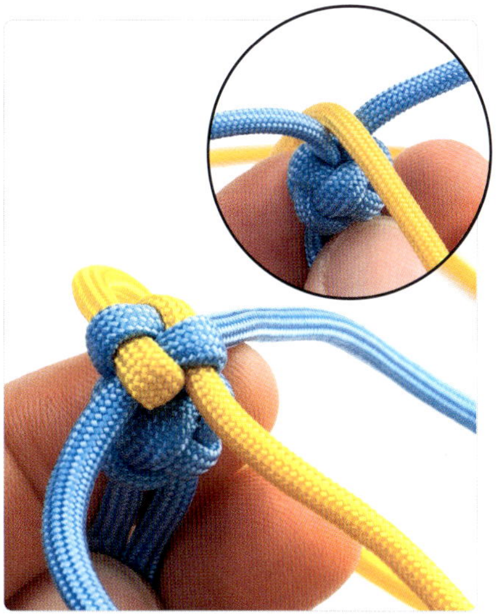

2 Suchen Sie die Mitte des 90 cm langen Stücks Paracord und legen Sie es über den Schlüsselbandknoten (einlegen). Verwenden Sie die vier Enden unter dem Knoten, um eine Knotenkette aus runden Diamantknoten, wie auf Seite 36 beschrieben, zu machen. Wenn Sie ein eckiges Schlüsselband wünschen, gestalten Sie eine Knotenkette aus eckigen Diamantknoten.

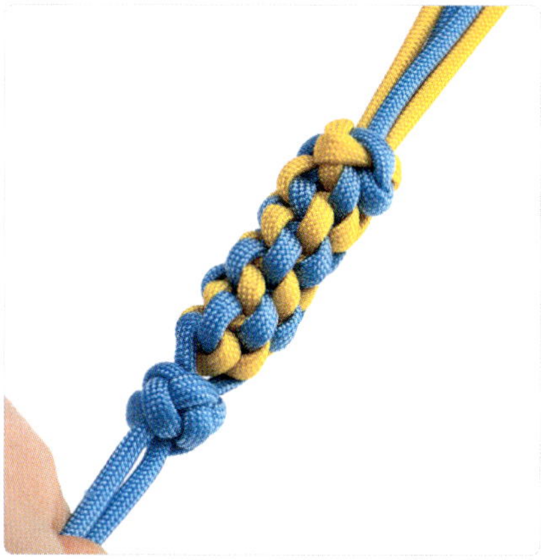

3 Fahren Sie mit Diamantknoten um die Trägerseile fort, bis Sie eine Länge von 5 cm oder die gewünschte Länge erreicht haben. Beenden Sie die Arbeit mit einem wie auf Seite 38 beschriebenen Endknoten. Schneiden Sie die Enden so zurecht, dass etwa 5 cm stehenbleiben und verschmelzen oder verkleben Sie sie.

4 Machen Sie eine Affenfaust-Perle, wie auf Seite 41 beschrieben. Wiederholen Sie Schritt 9 der Anleitung für den Wanderstock-Griff (siehe Seite 14), um die Schlinge des Schlüsselbandes mit der Affenfaust-Perle zu versehen.

MATERIALIEN

- → 120 cm Paracord 325 oder 550
- → 90 cm Paracord 325 oder 550
- → 135 cm Paracord 325 (für Affenfaust-Perle)
- → Holzperle (16 mm)
- → Büroklammer

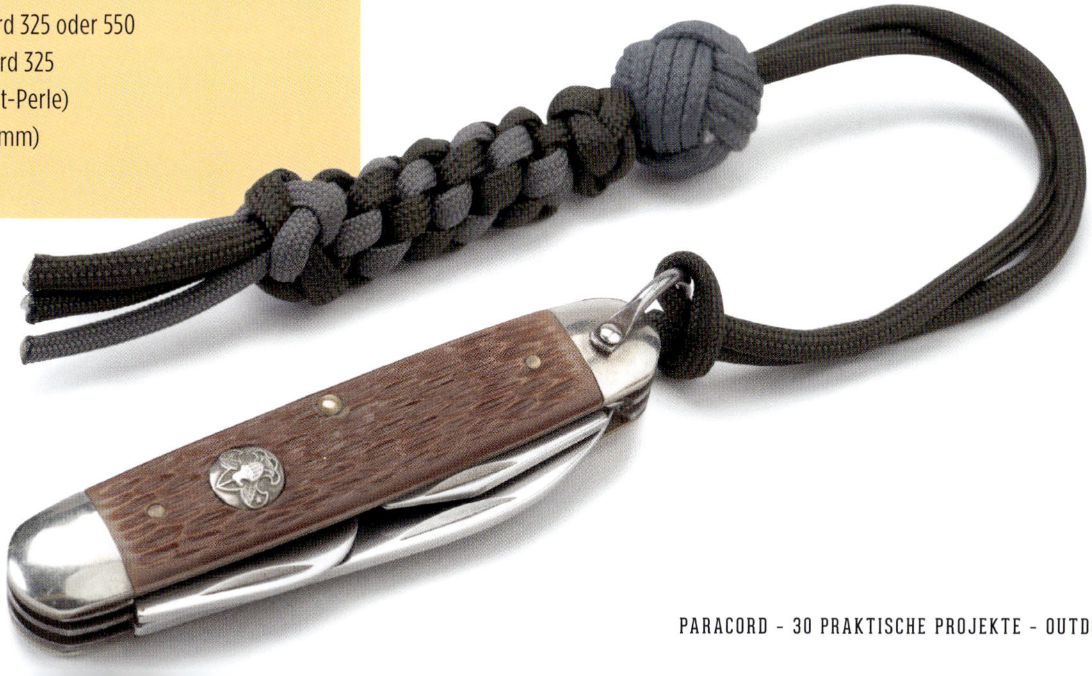

KLASSISCHES SCHLÜSSELBAND

Das Schlüsselband zum Umhängen ist ein klassischer und notwendiger Ausrüstungsgegenstand. Das Konzept ist so einfach, dass es geschichtlich gesehen zeitlos ist. Schlüsselbänder für den Hals sind eine gute Übung und eine tolle Art zu zeigen, was für ein talentierter Knotenmacher in Ihnen steckt. Sie lassen sich perfekt anpassen und sind so individuell wie ihr Knüpfer.

Die Länge lässt sich anpassen, was bedeutet, dass das Schlüsselband für verschiedenste Zwecke geeignet ist. Wenn Sie es um den Hals tragen, können Sie eine Trillerpfeife daran befestigen, mit der Sie auch auf Distanz kommunizieren können. Auch Rettungsdienste finden Sie so im Notfall leichter. Ein Schlüsselband in Armlänge kann verwendet werden, um Gegenstände an Ihrem Gürtel sicher zu verwahren, sodass Sie sie während eines Ausflugs im Freien nicht verlieren können, denn dies könnte im schlimmsten Fall den Unterschied zwischen Leben und Tod ausmachen.

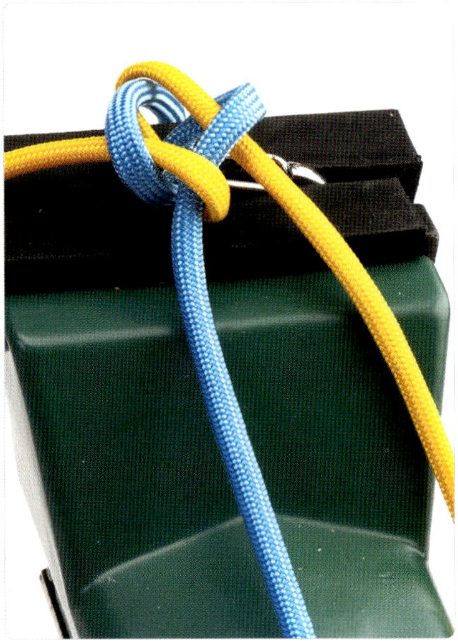

1 Arbeiten Sie vom Karabiner aus beginnend und knüpfen Sie einen lockeren Diamantknoten für einen runden Gurt, wie auf Seite 36 beschrieben.

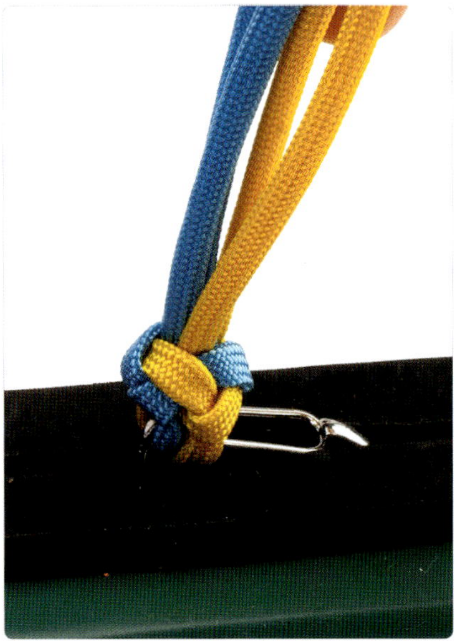

2 Knüpfen Sie dann, wie auf Seite 38 beschrieben, einen Endknoten. So erhalten Sie am Ende des Schlüsselbandes einen dekorativen Knoten.

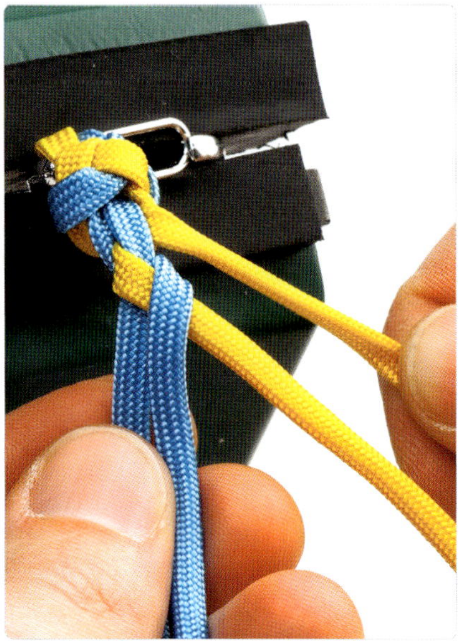

3 Flechten Sie über eine Länge von 80 cm einen runden Zopf aus vier Strängen, wie auf Seite 45 beschrieben.

4 Wenn Sie die Seele des Paracord entfernen, wird das Seil sehr flach. Daher ist es wichtig, dem Seil die richtige Drehung zu verpassen, während Sie flechten. So wird der fertige Zopf schön gleichmäßig.

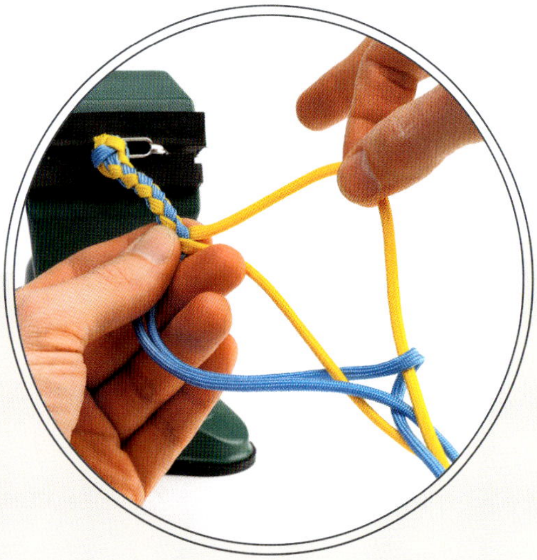

TIPP

Während des Flechtens verheddern sich die Enden des Seils sehr leicht. Um sie zu entwirren, ziehen Sie einfach einen äußeren Strang des Zopfes heraus, der Rest entwirrt sich dann von alleine.

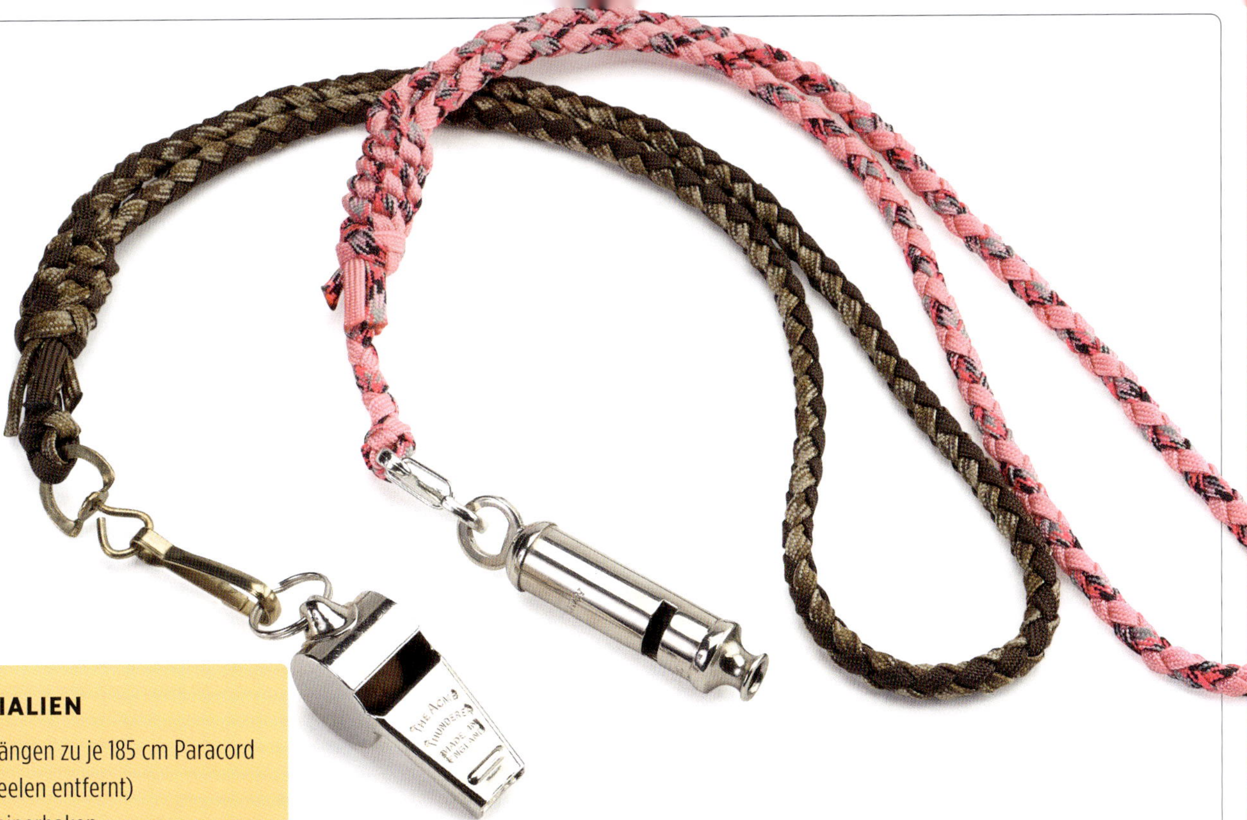

MATERIALIEN

→ Zwei Längen zu je 185 cm Paracord 550 (Seelen entfernt)

→ 1 Karabinerhaken

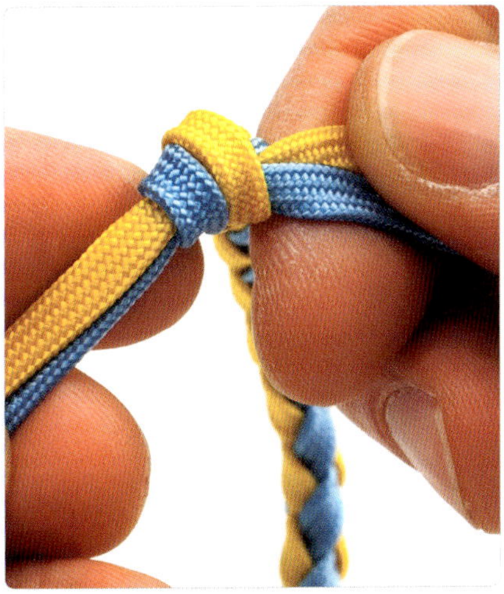

5 Bilden Sie nun zwei Paare aus je einem Strang einer jeden Farbe. Knoten Sie sie dann am Ende des Zopfes mit einem Überhandknoten zusammen.

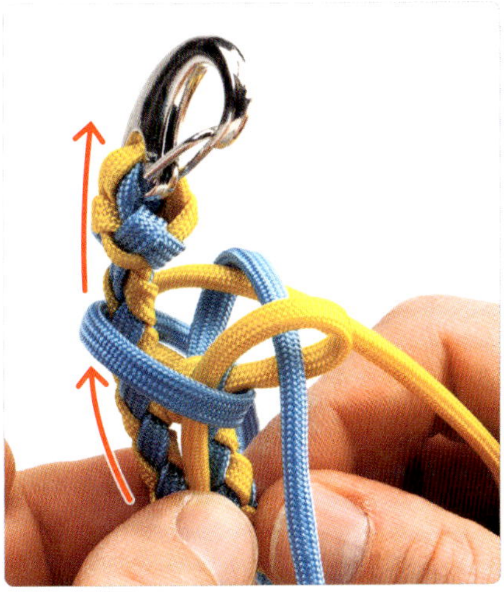

6 Machen Sie einen runden Diamantknoten, wie auf Seite 36 beschrieben, und ziehen Sie ihn noch nicht fest. Führen Sie dann ein etwa 7 cm langes Stück des Schlüsselbandes durch den Knoten und ziehen Sie diesen um das Band herum fest. Fahren Sie damit fort, Diamantknoten für runde oder eckige Gurte für weitere 2 cm um das Schlüsselband zu knüpfen.

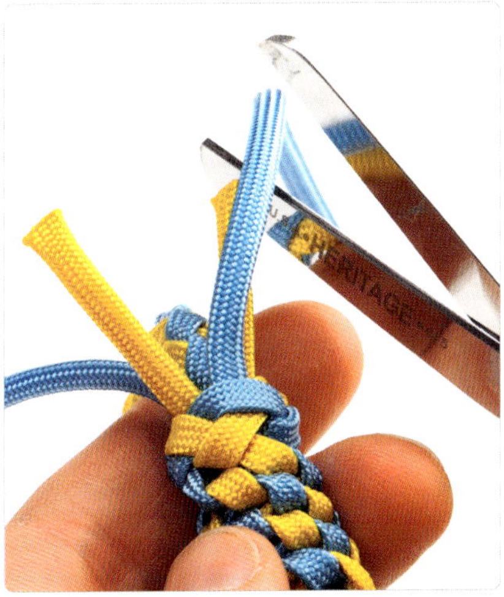

7 Machen Sie einen letzten Diamantknoten, lassen Sie ihn locker und knoten Sie einen Endknoten, wie auf Seite 38 beschrieben. Schneiden Sie die Enden in einer Länge von etwa 5 cm zurecht und verschmelzen Sie sie. Die Diamantknoten rutschen entlang der Länge des Schlüsselbandes, sodass es verstellbar ist.

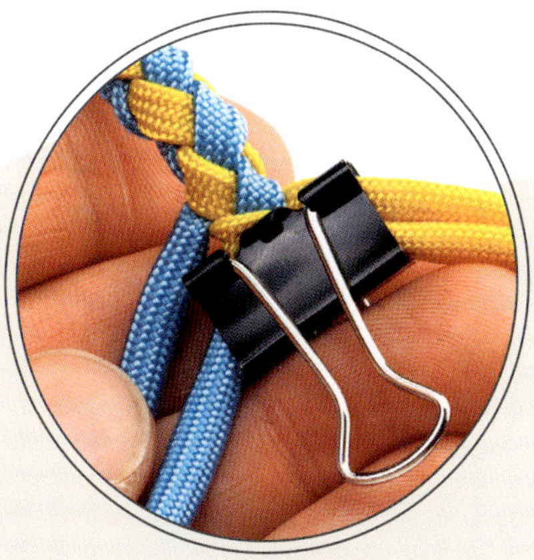

TIPP

Wenn Sie während des Flechtens Ihre Arbeit beiseite legen müssen, sichern Sie die Enden mit einer Vielzweckklemme, bis Sie wieder weiter arbeiten möchten.

SCHLÜSSELBAND FÜR AUSSTEIGER

Dieses Schlüsselband beinhaltet gleich zwei Haken, sodass Sie mehrere Gegenstände daran befestigen können. Das Schlüsselband für Aussteiger bringt ein Extra an Sicherheit mit, da sich sein Verschluss öffnet, wenn es irgendwo hängenbleibt, und so Verletzungen verhindert.

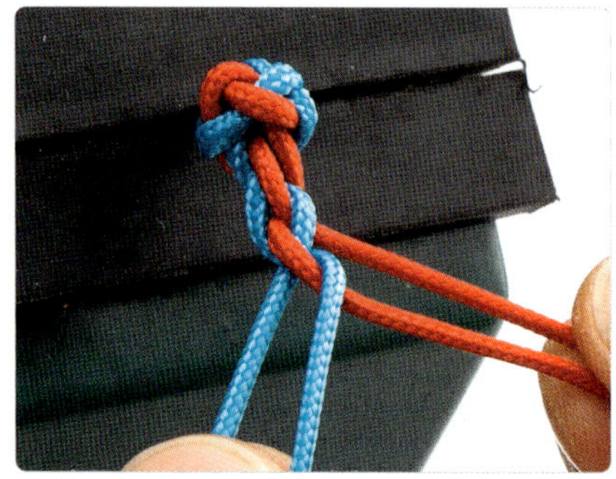

1 Wiederholen Sie die Schritte 1–2 des klassischen Schlüsselbandes (siehe Seite 16), um einen Endknoten an einen Karabinerhaken zu knoten, und benutzen Sie dabei zwei der 135 cm langen Stränge. Flechten Sie einen runden Zopf mit vier Strängen für die Länge von 45 cm, wie auf Seite 45 beschrieben.

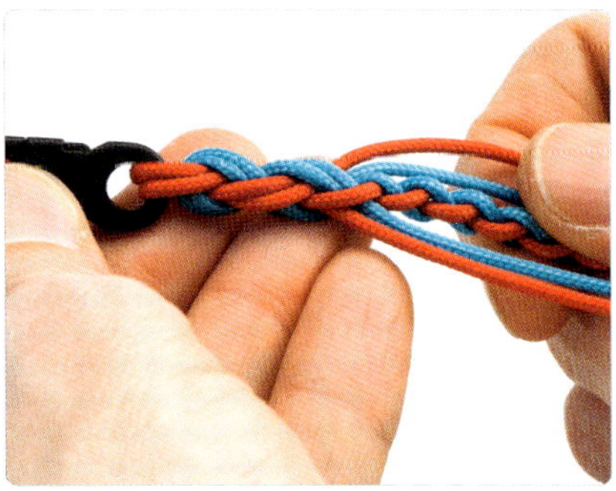

2 Folgen Sie der Anleitung auf Seite 45, um die eine Seite der Schnalle an dem Ende des Zopfes anzubringen, und weben Sie die Seilenden zurück in den Zopf. Schneiden Sie die Enden zurecht und verschmelzen oder verkleben Sie die Enden, um die Seite fertigzustellen.

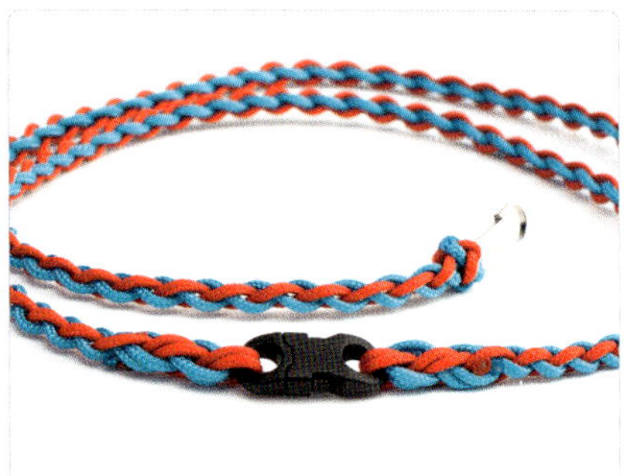

3 Wiederholen Sie die Schritte 1–2 um die zweite Hälfte des Schlüsselbandes fertigzustellen.

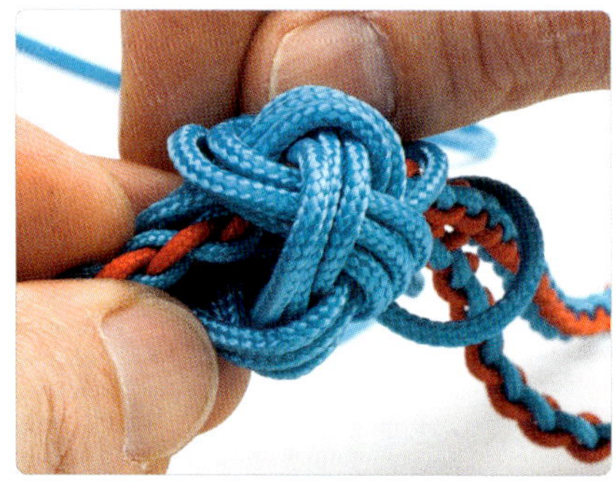

4 Knüpfen Sie einen Türkenbund, wie auf Seite 43 beschrieben, auf Ihren Fingern. Führen Sie beide Enden des Schlüsselbandes durch den Knoten und ziehen Sie ihn fest. So ergibt sich ein verschiebbarer Knoten um das Schlüsselband herum, damit Sie es verstellen können. Schneiden Sie die Enden zurecht und verschmelzen oder verkleben Sie die Enden des Türkenbundes.

MATERIALIEN

- → 4 Längen von 135 cm Paracord 95 (für das Schlüsselband)
- → 105 cm Paracord 325 (für den Türkenbund)
- → 2 Karabinerhaken
- → Sicherheitsschnalle (5 mm)
- → Spleißwerkzeug

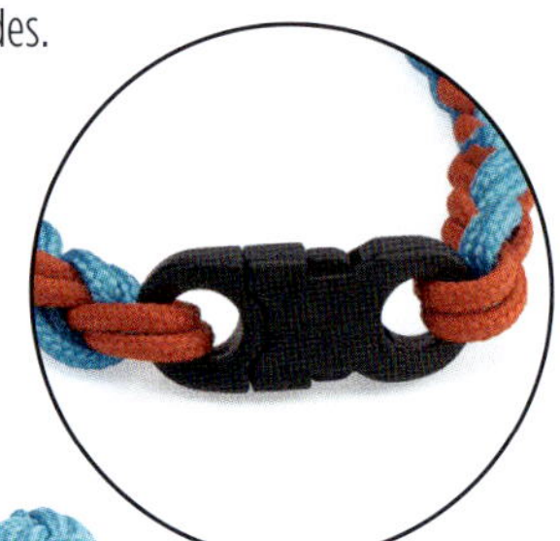

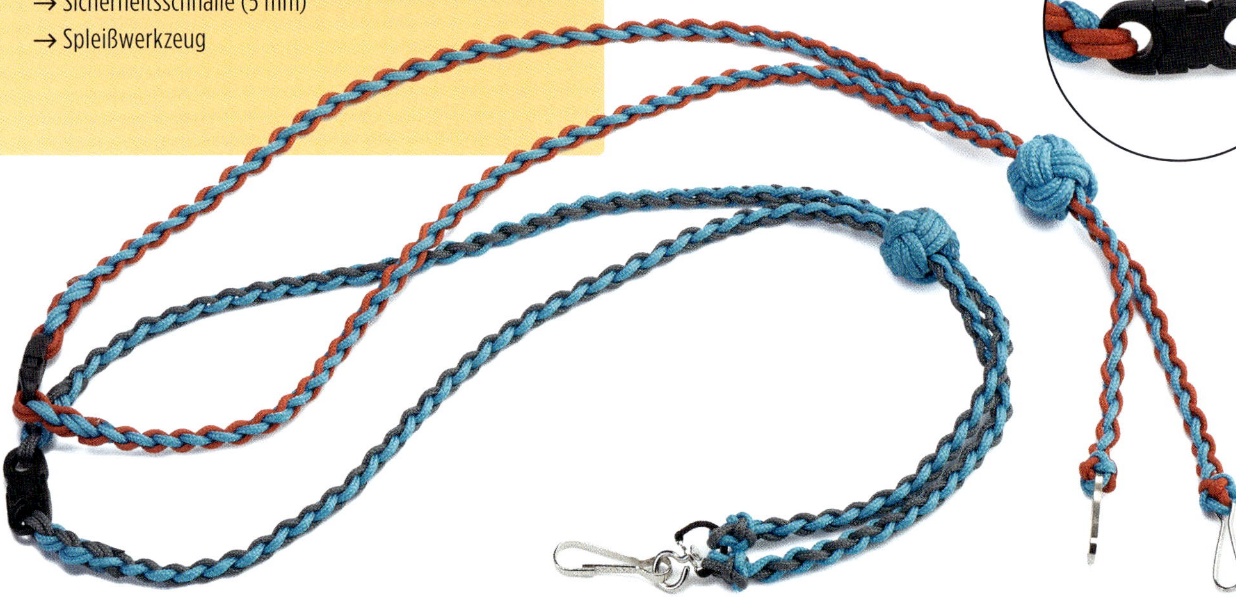

FLASCHENHALTER

Wasser ist überlebenswichtig für jeden Camping- oder Wanderausflug und ein Flaschenhalter erlaubt es Ihnen, beide Hände frei zu haben und das Wasser trotzdem bei sich zu tragen. Durch die Ringe, die an der Oberseite des Flaschenhalters angebracht sind, lässt er sich an einem Rucksack anbringen oder kann an die Decke eines Zeltes gehängt werden. Wenn Sie eine kurze Wanderung vorhaben und nur mit leichtem Gepäck gehen möchten, erlaubt Ihnen der Schultergurt, die Flasche auch ohne Rucksack mitzunehmen.

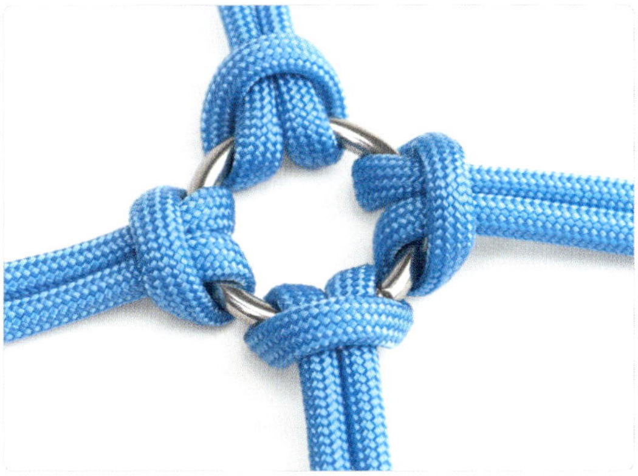

1 Falten Sie alle Paracord-Längen in der Mitte und bringen Sie sie mit einem Ankerstich an einem Ring an.

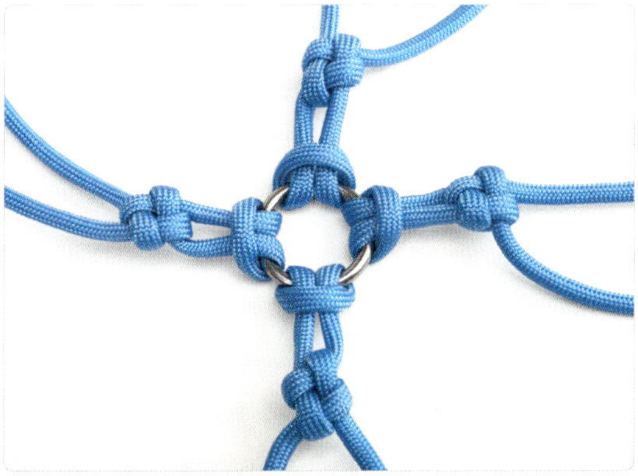

2 Stellen Sie Ihre Wasserflasche auf den Ring, um festzulegen, wo Sie Ihre Diamantknoten platzieren werden. Knoten Sie diese auf halber Strecke zwischen Ring und Flaschenkante, um für einen stabilen Halt zu sorgen. Benutzen Sie jeweils ein Paar Seile, um den Diamantknoten für ein Netz, wie auf Seite 39 beschrieben, zu knoten.

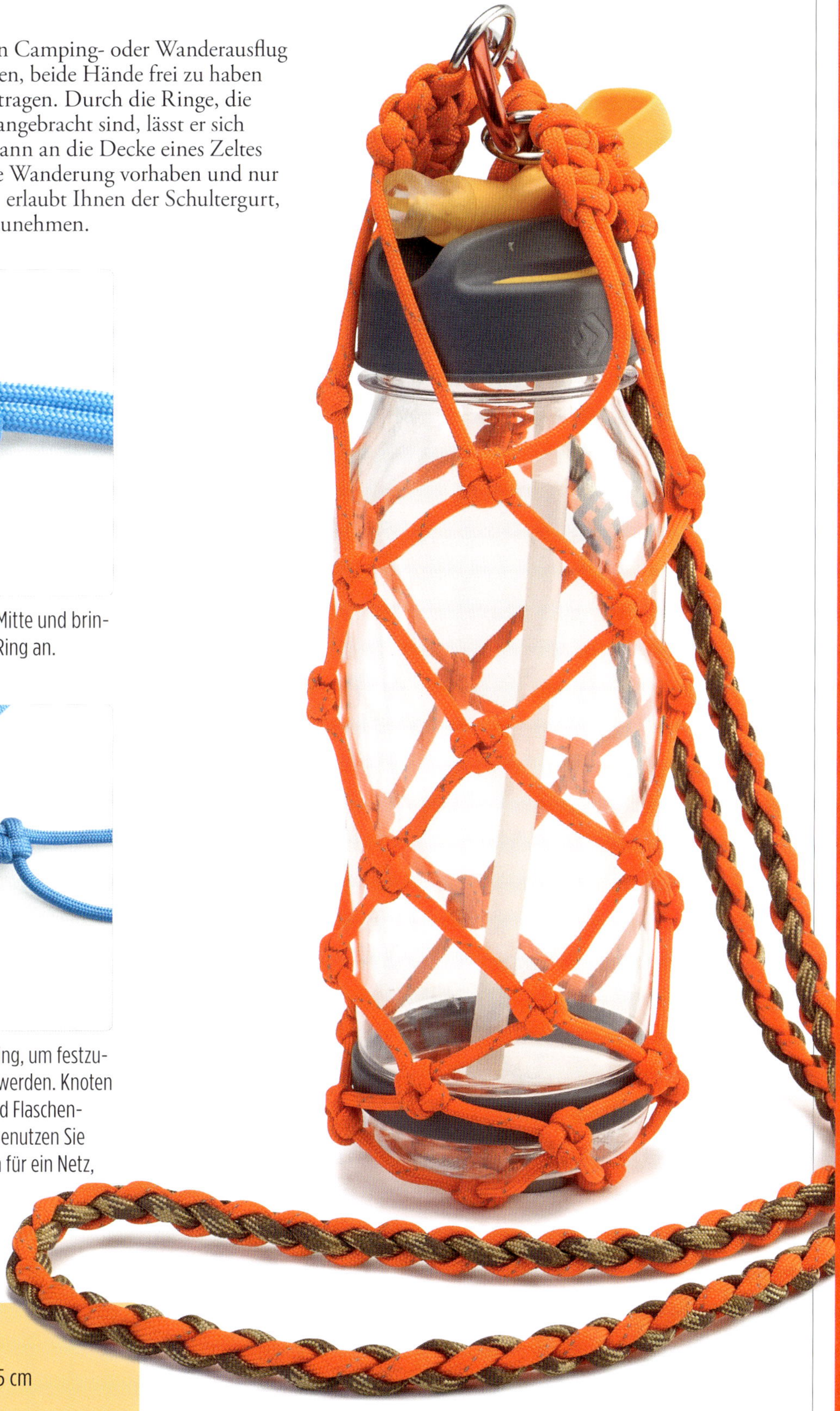

MATERIALIEN

- → 4 Längen Paracord 325 oder 550 von 185 cm
- → 3 Ringe (25 mm)

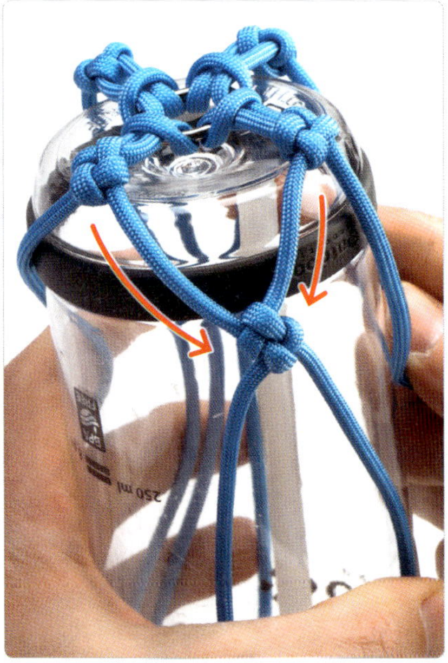

3 Knoten Sie versetzt Diamantknoten rund um die Flasche herum. Um dies zu bewerkstelligen, nehmen Sie je einen Strang von zwei vorhergehenden Diamantknoten und verwenden diese, um einen neuen zu knüpfen. Wiederholen Sie dies mit den verbleibenden Strängen und ordnen Sie die Knoten gleichmäßig in den Zwischenräumen an.

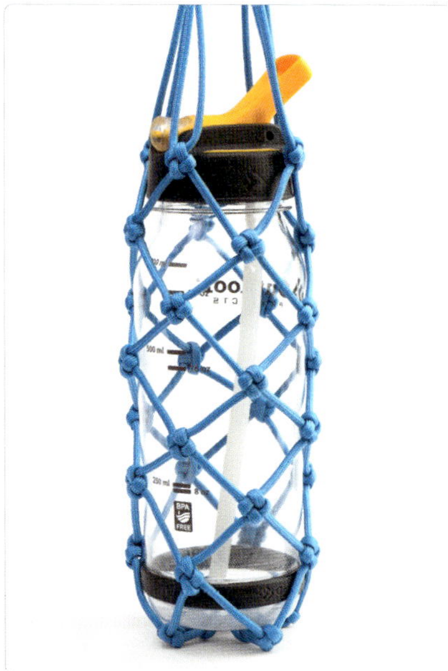

4 Fahren Sie damit fort, versetzt angeordnete Diamantknoten rund um die Flasche zu knüpfen, bis Sie ein Netz geknotet haben, das bis zur Oberkante der Flasche reicht.

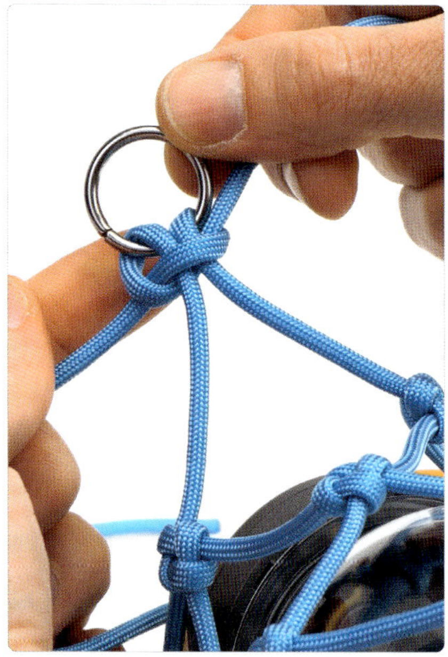

5 Nehmen Sie je einen Strang von zwei vorhergehenden Diamantknoten. Führen Sie die Enden durch einen Ring und positionieren Sie diesen mit einem Abstand von etwa 5 cm zur Wasserflasche. Machen Sie zwei Kreuzknoten mit den Arbeitsenden zurück über die Stränge. Die Enden abschneiden und verschmelzen.

6 Arbeiten Sie gegen den Uhrzeigersinn und wiederholen Sie diesen Vorgang mit den nächsten beiden Strängen. Knoten Sie sie in denselben Ring. Wiederholen Sie die Schritte 5–6 auf der anderen Seite der Wasserflasche mit dem zweiten Ring.

7 Flechten Sie für den Schultergurt einen runden Zopf aus vier Strängen (siehe Seite 45) und beginnen Sie mit einem Karabiner. Flechten Sie den Zopf etwa 120 cm lang. Folgen Sie den Anleitungen auf Seite 45, um den Karabiner am anderen Ende des Gurts anzubringen und weben Sie die Arbeitsenden zurück in den Zopf. Schneiden Sie die Enden zurecht und verschmelzen oder verkleben Sie sie, um den Flaschenhalter fertigzustellen.

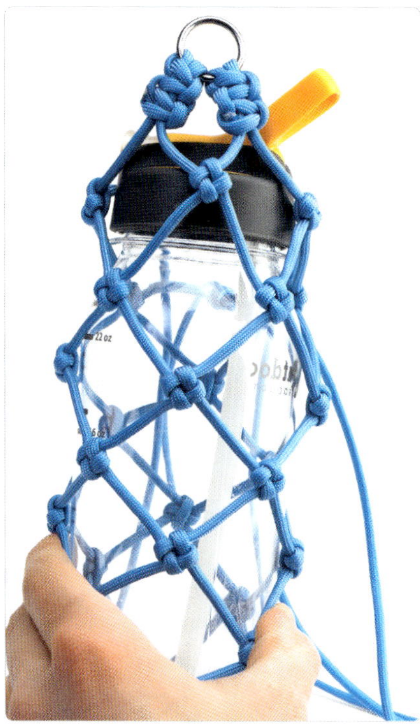

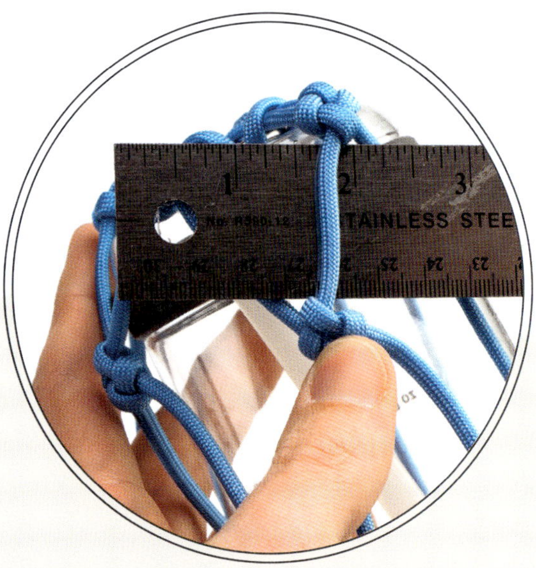

TIPP

Benutzen Sie ein Lineal, um das Knotenmuster gleichmäßig zu halten. Platzieren Sie die Oberkante unter den ersten Knoten und knoten Sie einen zweiten Knoten an die untere Kante.

UHRBAND

Viele von uns wagen den Schritt nach draußen, um den Zwängen der Zeit zu entfliehen, aber das Tragen einer Uhr ist sinnvoll, um das Tageslicht und die gewanderte Strecke im Auge zu behalten. Uhren können auch als provisorische Kompasse dienen.

Sie können mit diesem Uhrband ein kaputtes Band einer bereits vorhandenen Uhr ersetzen. Außerdem ist es ein tolles und individuelles Stück, das zeigt, was für ein talentierter Knotenmacher in Ihnen steckt.

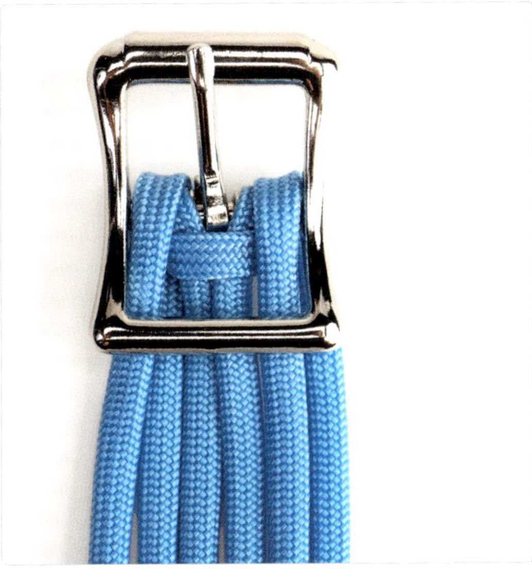

1 Falten Sie einen Strang in der Mitte und machen Sie einen Ankerstich um die mittlere Sprosse der Schnalle. Falten Sie auch die anderen beiden Stränge in der Mitte und führen Sie sie dann links und rechts über die Sprosse.

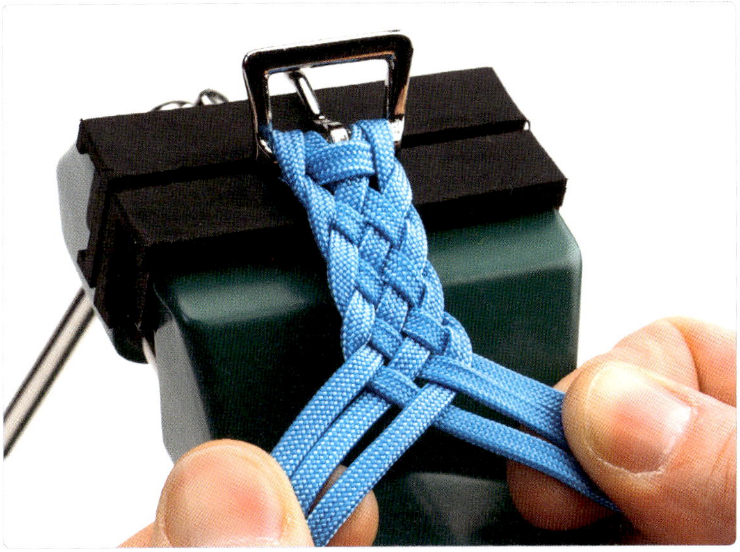

2 Flechten Sie, wie auf Seite 46 beschrieben, einen Zopf aus sechs Strängen über eine Länge von 25 cm. Halten Sie beim Flechten des sechssträngigen Zopfes alle Stränge eher flach, anstatt sie wie beim runden Zopf aus vier Strängen zu verdrehen, da sich sonst das fertige Werkstück verdreht.

MATERIAL

- → 3 Längen Paracord 550 von 120 cm (Seelen entfernt)
- → Dornschließe (20 mm)
- → 1 Ziffernblatt mit herausnehmbaren Stiften.
- → Spleißwerkzeug

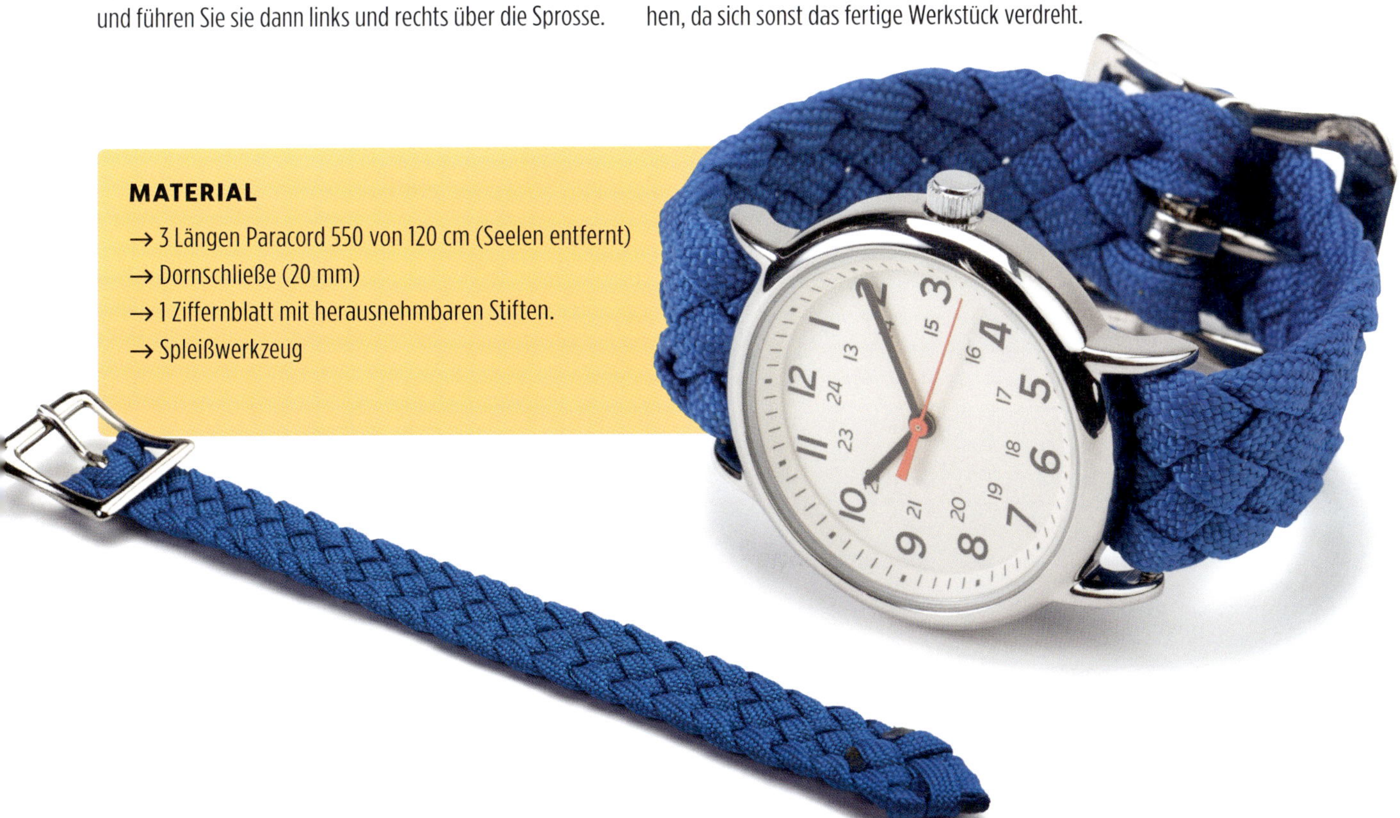

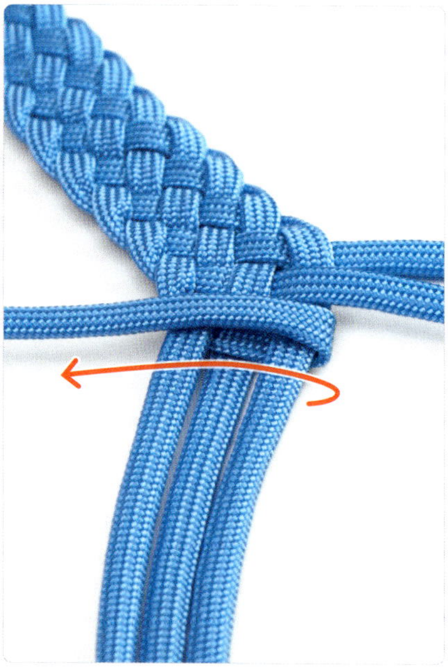

3 Falten sie den rechten, mittleren Strang nach oben links, um den Zopf am Ende fertigzustellen.

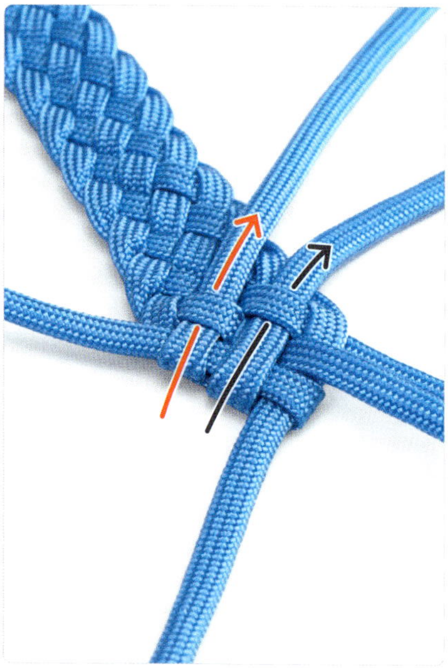

4 Beginnen Sie dann damit, die Enden mithilfe des Spleißwerkzeugs zurück in den Zopf einzuweben. Fangen Sie mit dem zweiten linken Strang an. Weben Sie dann den Strang ganz links in das Werkstück ein.

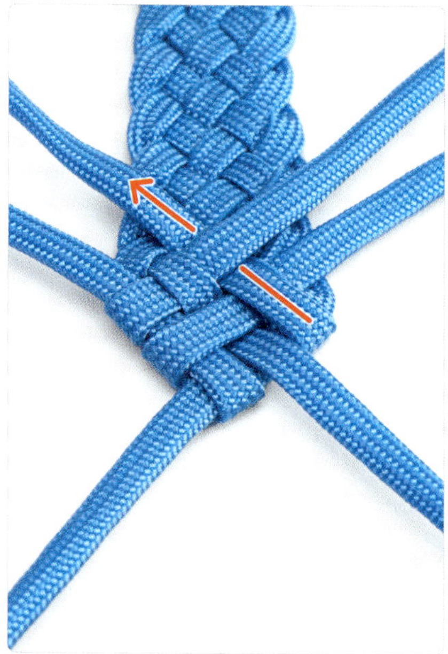

5 Fahren Sie mit dem Strang außen rechts fort.

6 Drehen Sie das Armband um, sodass Sie nun auf der Rückseite arbeiten. Falten Sie den mittleren, rechten Strang nach oben links. Weben Sie den linken, mittleren Strang ein. Schneiden Sie die Enden dann zurecht und verschmelzen oder verkleben Sie sie.

7 Bringen Sie das Ziffernblatt an, indem Sie die Stifte auf der Rückseite der Uhr herausziehen und wieder anbringen, nachdem Sie das Armband platziert haben.

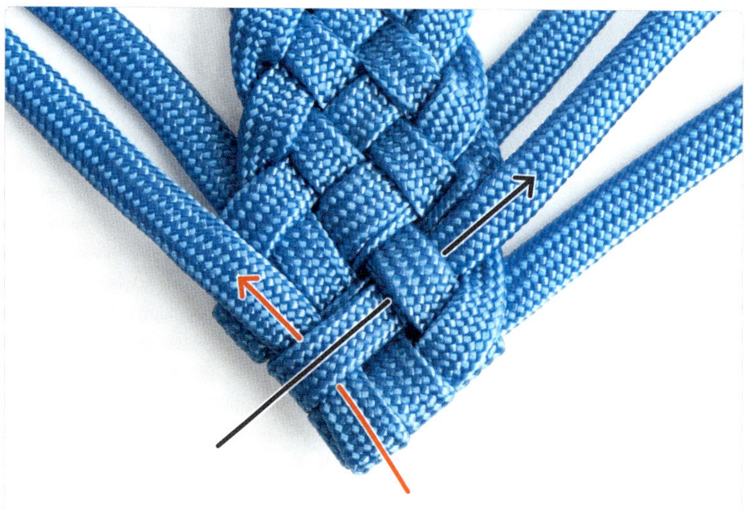

TIPP

Achten Sie auf eine gleichmäßige Spannung während des Arbeitens und vermeiden Sie es, an einer Seite stärker zu ziehen als an der anderen, da das Werkstück sonst eine Zickzack-Form erhält.

BETTZEUGGURT MIT GRIFF

Wenn Sie die improvisierte Version verwenden, dann lässt sich das Bettzeug am besten zu einer Rolle geformt auch in Notfallsituationen mitführen. Diese Methode des Zusammenrollens eignet sich auch, um ein Zelt, eine Plane oder eine Bodenabdeckung zusammenzupacken.

Als bleibendes Werkstück erleichtert die Verwendung eines Bettzeuggurtes das Verstauen und Tragen von Kleidung und Bettzeug. Komfort und guter Schlaf sind immens wichtig, wenn man draußen übernachtet.

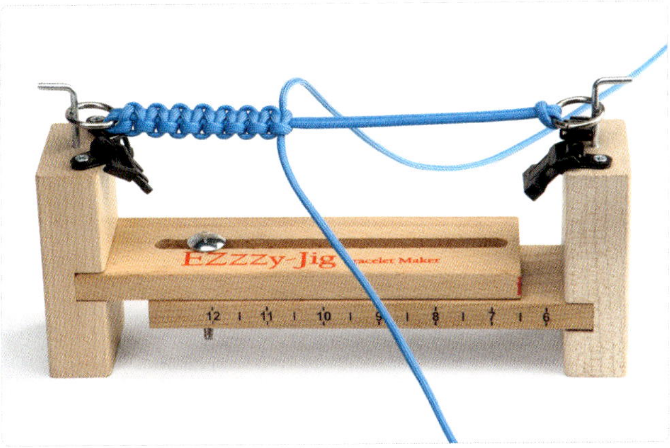

1 Folgen Sie für die Gurte den Schritten 1–6 für das Uhrband (siehe S. 20 und 21), um zwei 120 cm lange geflochtene Gurte herzustellen.

2 Folgen Sie für den Griff den Schritten 1–4 des Überlebensarmbandes (siehe Seite 10), um einen 20 cm langen Griff herzustellen. Verwenden Sie dabei Ringe (20 mm) anstelle der Schnalle. Knoten Sie den Paracord mit einem einfachen Ankerstich am ersten Ring an und wickeln Sie das Seil nur einmal statt zweimal um den zweiten Ring (siehe Foto links).

3 Führen Sie die geflochtenen Gurte durch die Ringe an den Enden des Griffs, wenn Sie ihr Bettzeug einrollen und fixieren möchten.

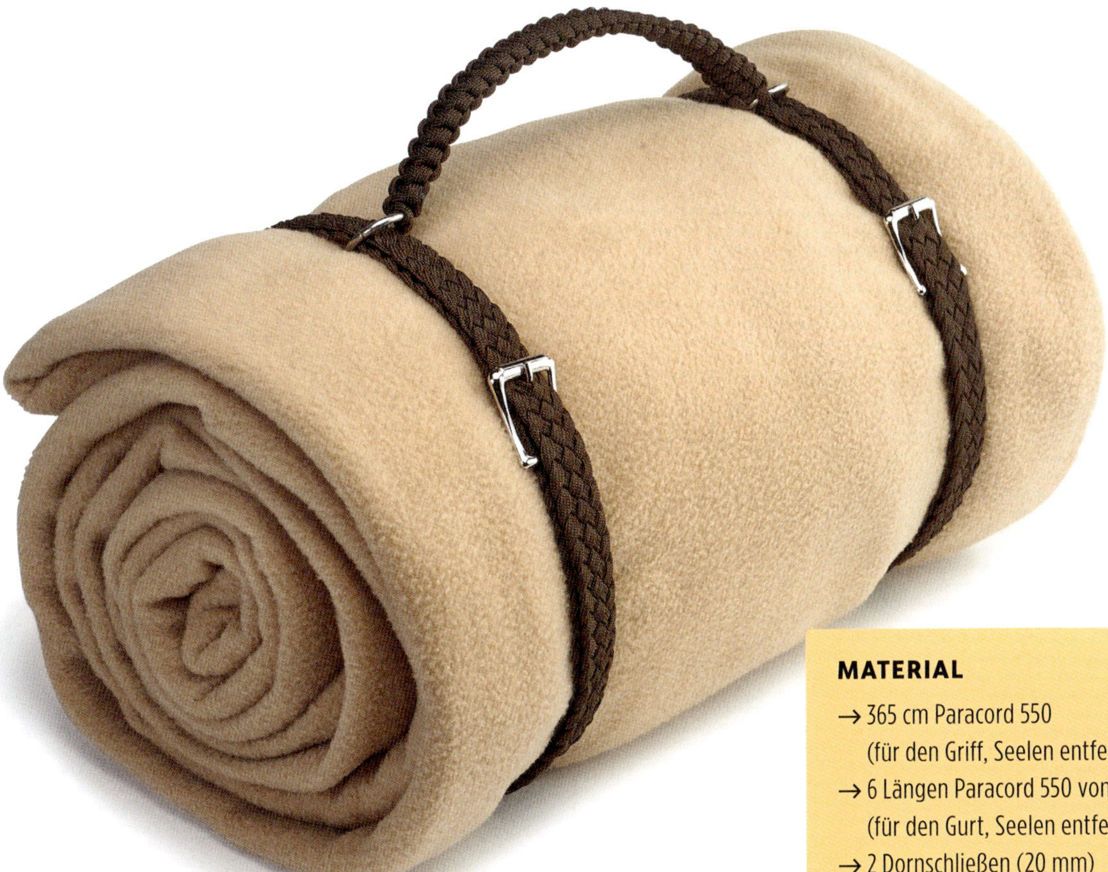

MATERIAL

- → 365 cm Paracord 550 (für den Griff, Seelen entfernt)
- → 6 Längen Paracord 550 von 365 cm (für den Gurt, Seelen entfernt)
- → 2 Dornschließen (20 mm)
- → Spleißwerkzeug
- → 2 Ringe (20 mm)

PRAKTISCHER GURT

So geknüpft, dass er verstellbar ist, ist dieser handliche Gurt unglaublich vielseitig und kann an jeder Tasche angebracht werden. Der starke Gurt eignet sich bestens, um den kaputten Gurt eines Seesackes oder Tornisters zu ersetzen. Er kann auch zusammen mit dem Bettzeuggurt mit Griff verwendet werden (siehe Seite 23). Dieser Gurt ist eine großartige Möglichkeit, immer eine große Menge Paracord zur Hand zu haben.

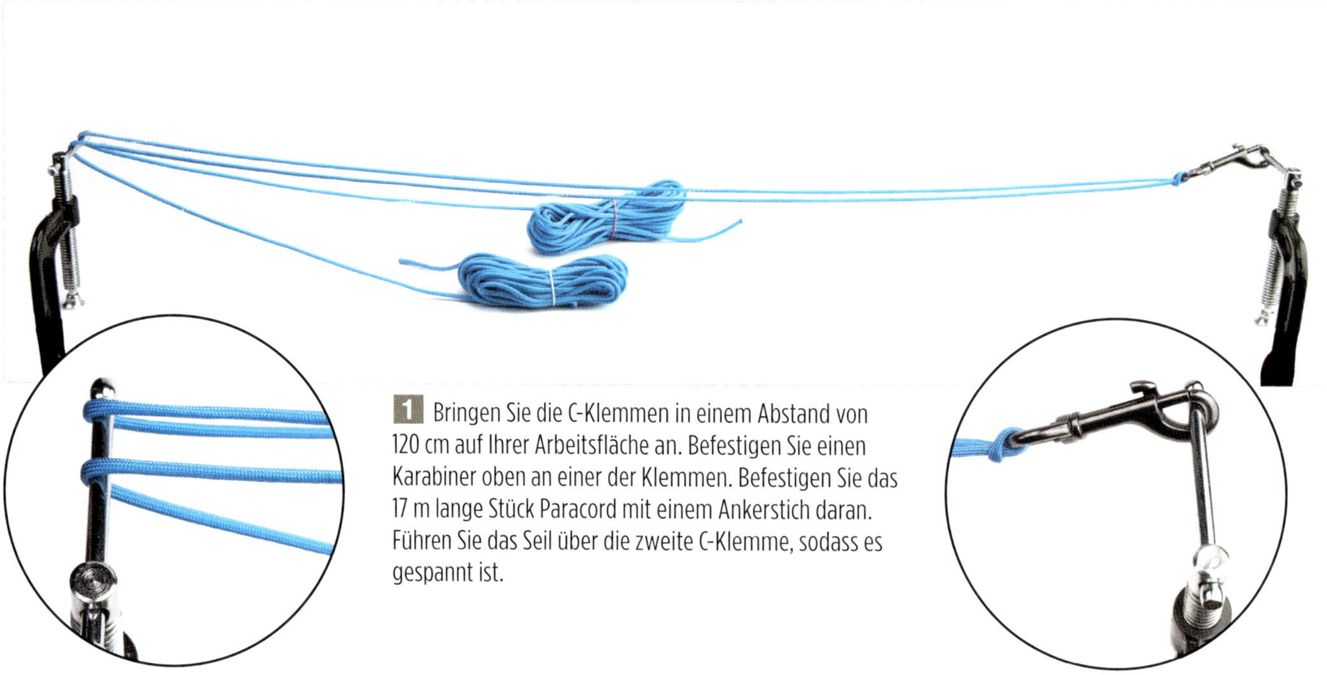

1 Bringen Sie die C-Klemmen in einem Abstand von 120 cm auf Ihrer Arbeitsfläche an. Befestigen Sie einen Karabiner oben an einer der Klemmen. Befestigen Sie das 17 m lange Stück Paracord mit einem Ankerstich daran. Führen Sie das Seil über die zweite C-Klemme, sodass es gespannt ist.

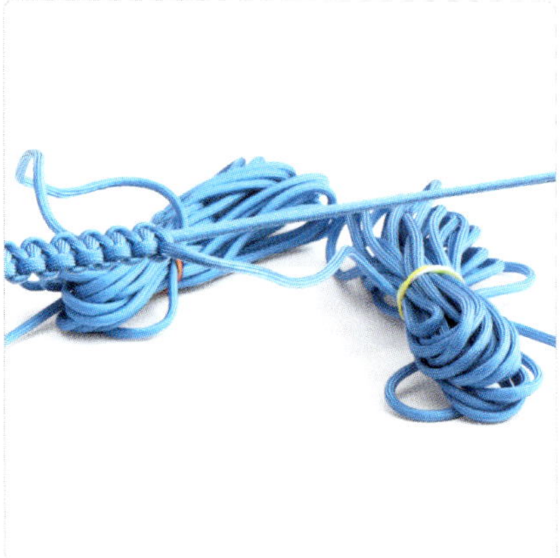

2 Wickeln Sie die Arbeitsenden, wie auf Seite 7 beschrieben, zu Knäueln auf und fixieren Sie sie mit Gummiringen. Verwenden Sie die Arbeitsenden, um Kreuzknoten über die Trägerseile zwischen den C-Klemmen zu knüpfen.

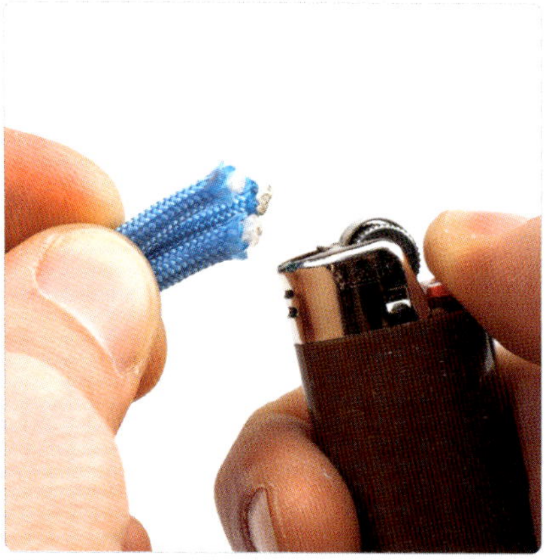

3 Wenn Sie einen Schulterpolster einarbeiten möchten, halten Sie die Enden von drei 245 cm langen Strängen Paracord parallel zusammen und verschmelzen Sie sie. Flechten Sie dann einen Zopf aus drei Strängen (siehe Seite 44), bis Sie am Ende der Seile angekommen sind. Verschmelzen Sie die Enden wie zuvor.

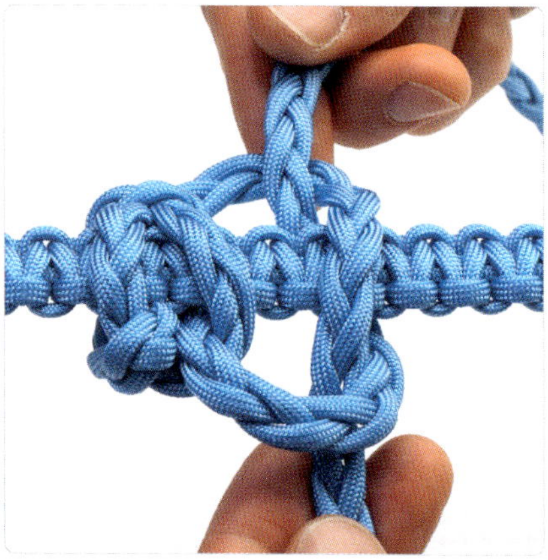

4 Verwenden Sie den Zopf, um damit Kreuzknoten (siehe Seite 35) über den Gurt zu knüpfen und so einen verstellbaren Schulterpolster herzustellen. Da der Haarzopf flach geflochten wird, verdrehen Sie die Stränge nicht während des Knotens, um die Arbeit schön flach zu halten.

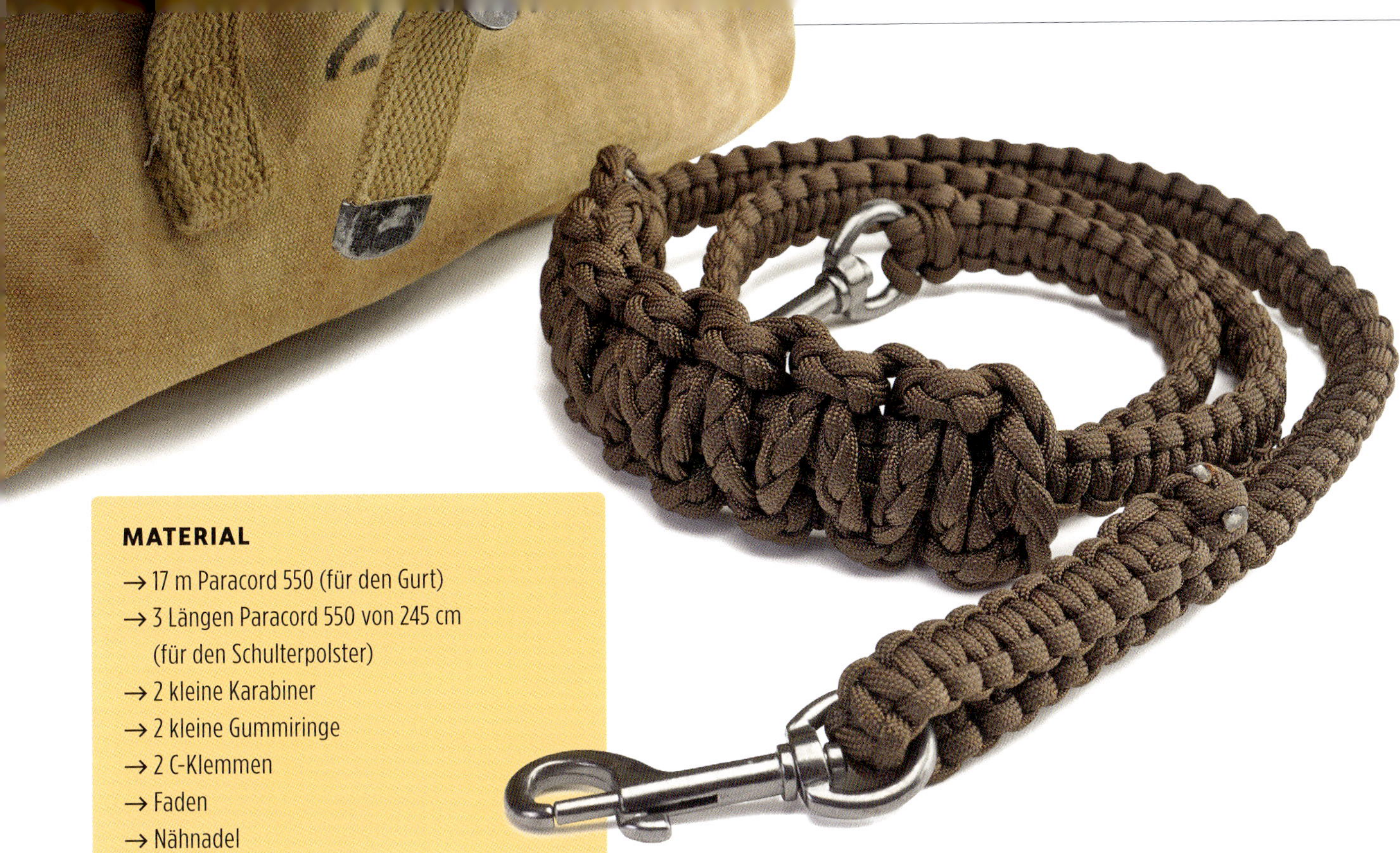

MATERIAL

- → 17 m Paracord 550 (für den Gurt)
- → 3 Längen Paracord 550 von 245 cm (für den Schulterpolster)
- → 2 kleine Karabiner
- → 2 kleine Gummiringe
- → 2 C-Klemmen
- → Faden
- → Nähnadel

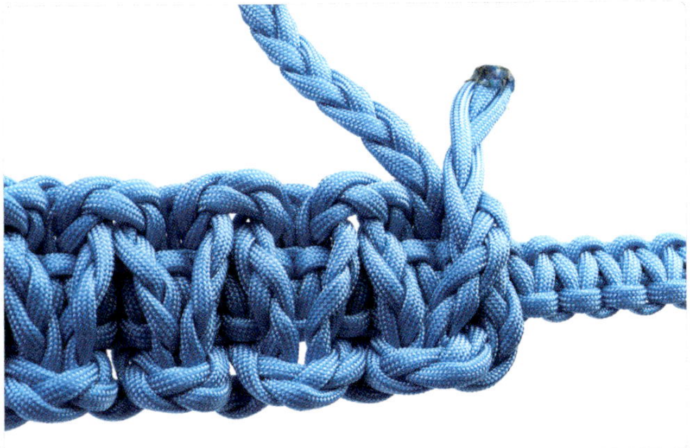

5 Wiederholen Sie Schritt 3 des Überlebensarmbandes (siehe Seite 10), um die Enden auf der Unterseite des Schulterpolsters zu befestigen.

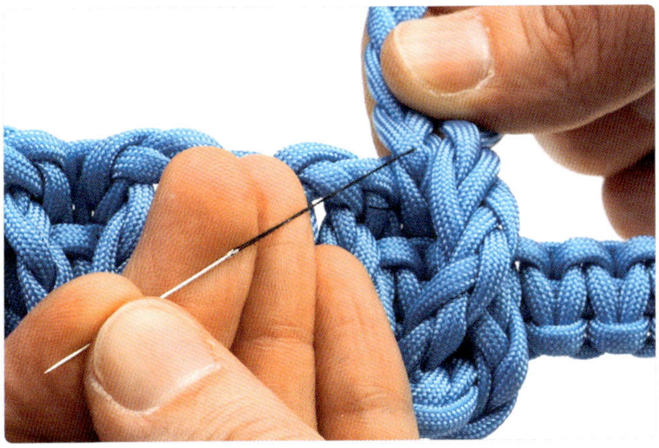

6 Nähen Sie die Arbeitsenden an der Unterseite des Schulterpolsters an. Schneiden Sie dann die Enden zu und verschmelzen Sie sie.

7 Schieben Sie den zweiten Karabiner auf das lose Ende des Gurtes und positionieren Sie ihn abhängig von der gewünschten Länge des Gurtes. Falten Sie das Ende des Gurtes nach hinten und verwenden Sie ein zusätzliches Stück Paracord und eine Flechtnadel, um das gefaltete Stück zu befestigen. Verwenden Sie einen Marlspieker, um die Schlingen an den Kanten zu öffnen, sodass die Flechtnadel hindurchpasst. Knoten Sie die Enden in der Flechtnadel auf der Unterseite des Gurtes mit einem Kreuzknoten zusammen. Schneiden Sie die Enden zurecht und verschmelzen oder verkleben Sie sie.

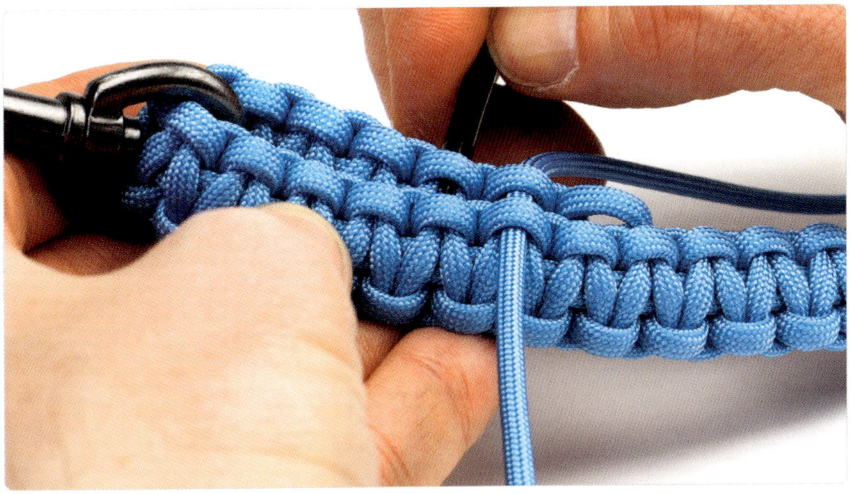

GÜRTEL

Abgesehen von seinem üblichen Zweck, die Hosen da zu halten, wo sie hingehören, können Gürtel auf verschiedenste Art im Freien verwendet werden. Ein starker Gürtel kann als Tragehilfe von Ausrüstungsgegenständen dienen, die griffbereit sein müssen. Außerdem bietet er Platz für Schlüsselbänder und Anhänger, an denen nützliche Dinge befestigt sind. Ein Gürtel kann im Notfall auch als Armschlinge herhalten oder dazu dienen, jemanden aus dem Schlamm oder Wasser zu ziehen.

1 Falten Sie einen Strang in der Mitte und binden Sie ihn mit einem Ankerstich um die mittlere Sprosse der Gürtelschnalle. Falten Sie die verbleibenden Paracordlängen in der Mitte um die Schnalle herum, sodass links und rechts des Dorns je zwei zu liegen kommen.

2 Flechten Sie über 120 cm oder die gewünschte Länge einen Zopf aus zehn Strängen, wie auf Seite 47 und 48 beschrieben.

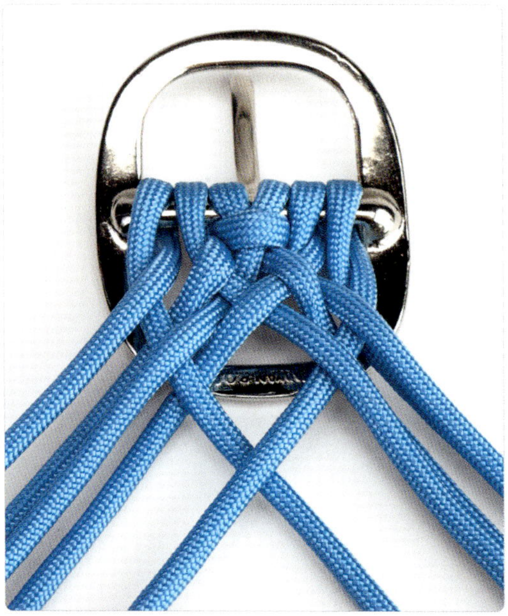

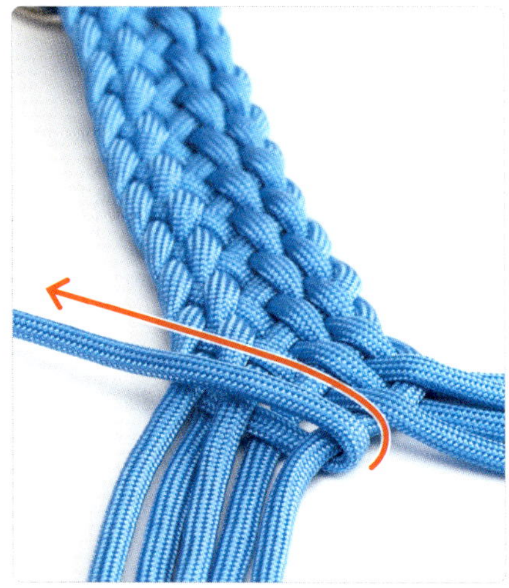

3 Drehen Sie den Gürtel um, sodass die Unterseite nach oben zeigt. Falten Sie den Strang rechts in der Mitte nach oben links.

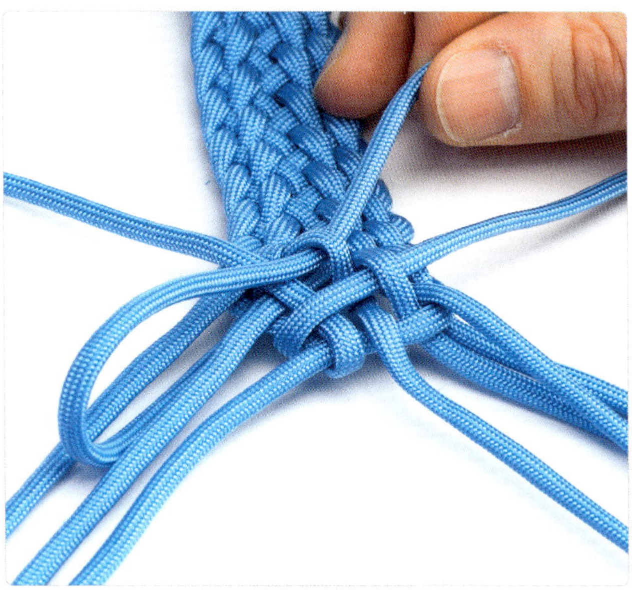

4 Weben Sie die verbleibenden Arbeitsenden zurück in den Zopf und verwenden Sie dabei ein Spleißwerkzeug. Beginnen Sie mit dem vierten Strang von links. Weben Sie dann den zweiten Strang von links ein.

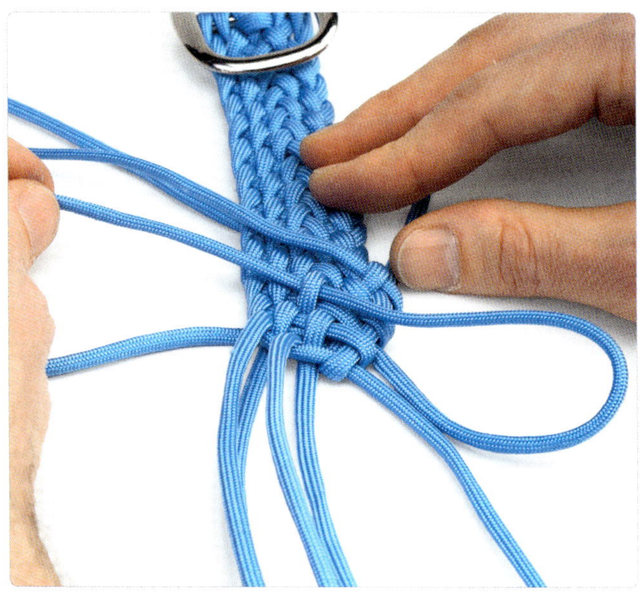

5 Drehen Sie den Gürtel um, sodass die Oberseite nach oben zeigt. Fahren Sie damit fort, die verbleibenden Arbeitsenden zu verweben, und beginnen Sie mit den beiden oberen rechten Strängen.

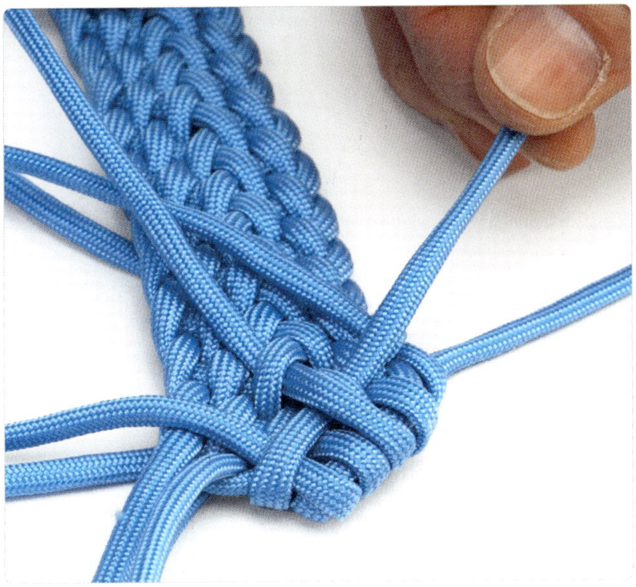

6 Falten sie den rechten, mittleren Strang nach oben links. Weben Sie ihn in den unteren linken Strang.

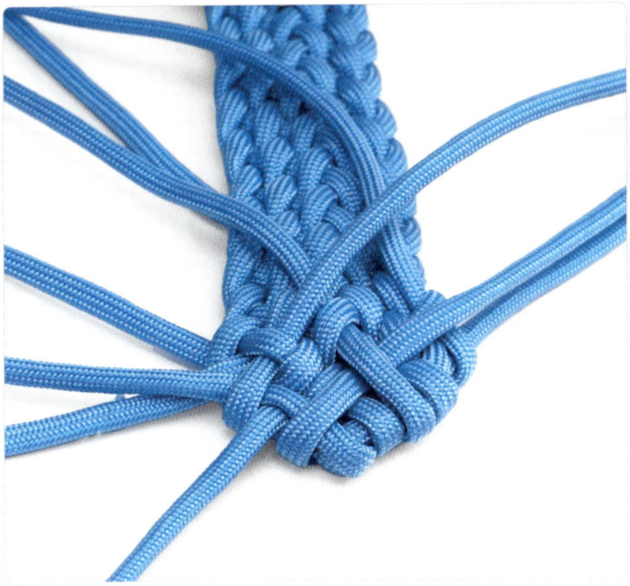

7 Jetzt können Sie die Enden zuschneiden und verschmelzen oder mit Klebstoff verkleben. Sie können die Enden auch weiter verweben, allerdings wird dadurch das Gürtelende sehr dick.

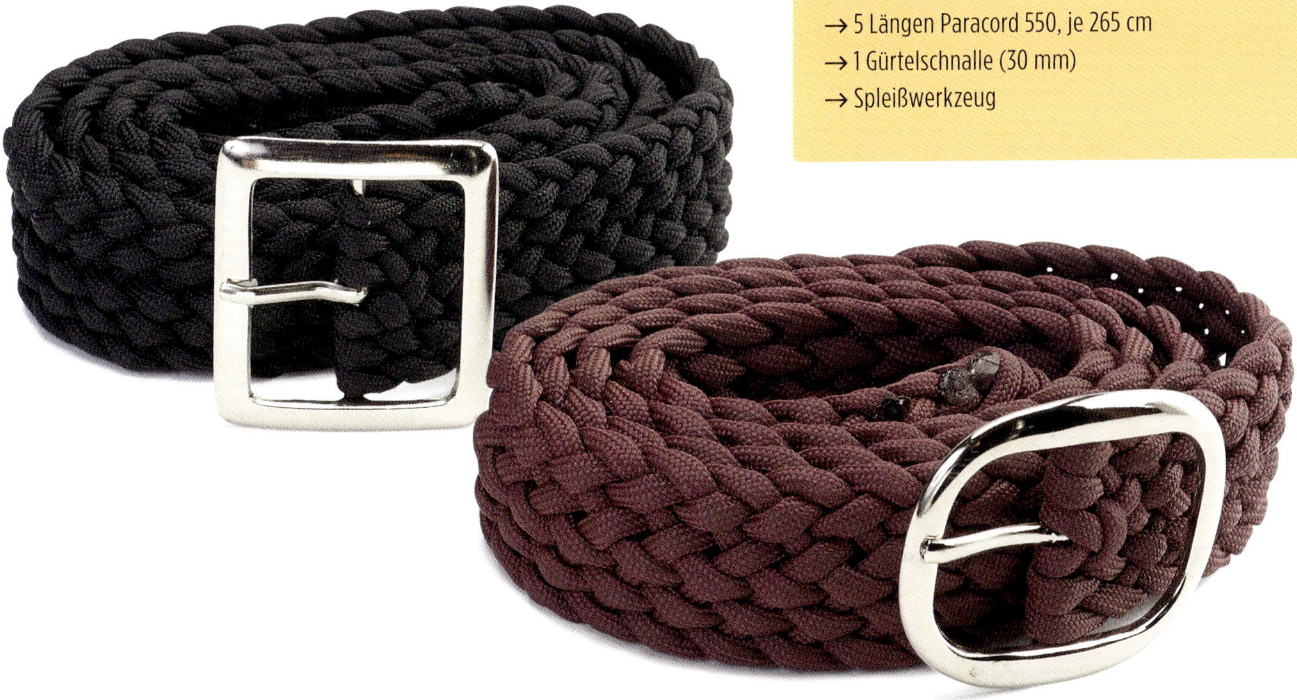

MATERIAL

→ 5 Längen Paracord 550, je 265 cm
→ 1 Gürtelschnalle (30 mm)
→ Spleißwerkzeug

TIPP

Bessern Sie nach dem Verschmelzen an den Enden mit Permanentstift nach, wenn Sie dunklen Paracord verwenden.

AFFENFAUST-SCHLÜSSELANHÄNGER

Der Affenfaustknoten wurde ursprünglich in der Seefahrt verwendet, um dem Ende eines Taues mehr Gewicht zu verleihen und es leichter werfen zu können. Diese Anwendungsmöglichkeit ist sehr nützlich für Bear Bags, also wildtiersichere Provianttaschen, die über einen Ast gehängt werden und Wäscheleinen, das Verstauen von Seilwerk oder auch für Rettungsaktionen. Die Affenfaust eignet sich auch hervorragend als dekorativer Schlüsselanhänger. Mit einer Styroporkugel in der Mitte wird er sogar schwimmfähig, sodass Ihre Schlüssel im Wasser nicht untergehen.

MATERIAL

Für einfarbige Affenfaust:

→ 135 cm Paracord 550
→ Holzkugel (20 mm)
→ Schlüsselring

Für mehrfarbige Affenfaust:

→ 3 Längen Paracord 550, je 90 cm
→ Holzkugel (20 mm)
→ Schlüsselring

Für Affenfaust-Perle:

→ 135 cm Paracord 325
→ 30 cm Paracord 325 in Kontrastfarbe
→ Holzkugel (16 mm)

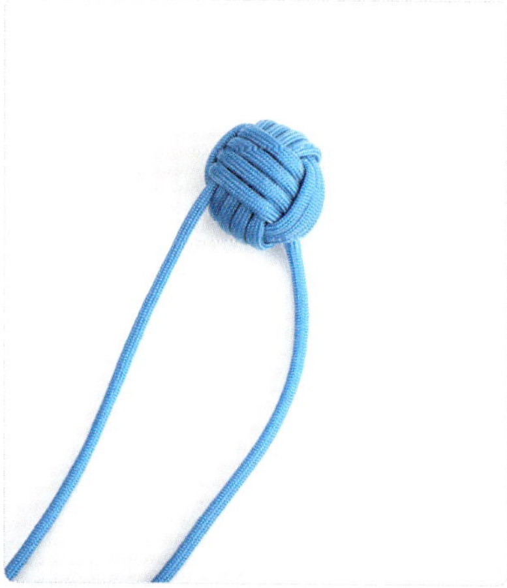

1 Folgen Sie den Anleitungen auf den Seite 41–42, um einen ein- oder dreifarbigen Affenfaustknoten zu knüpfen.

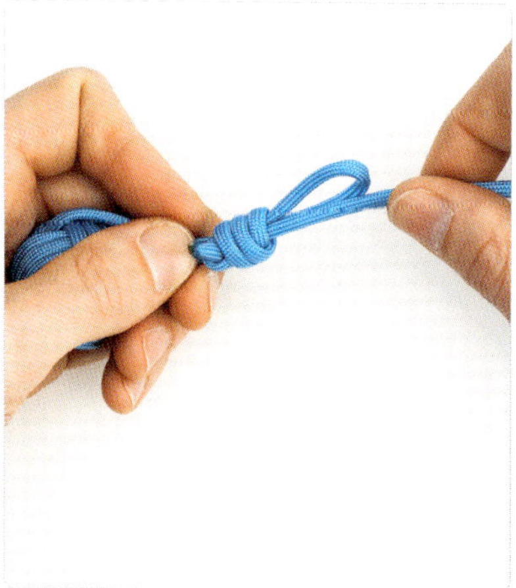

2 Folgen Sie der Anleitung auf Seite 42, um einen einfachen Wickelknoten am Arbeitsende zu machen. Befestigen Sie einen Schlüsselring an der Schlinge über dem Wickelknoten.

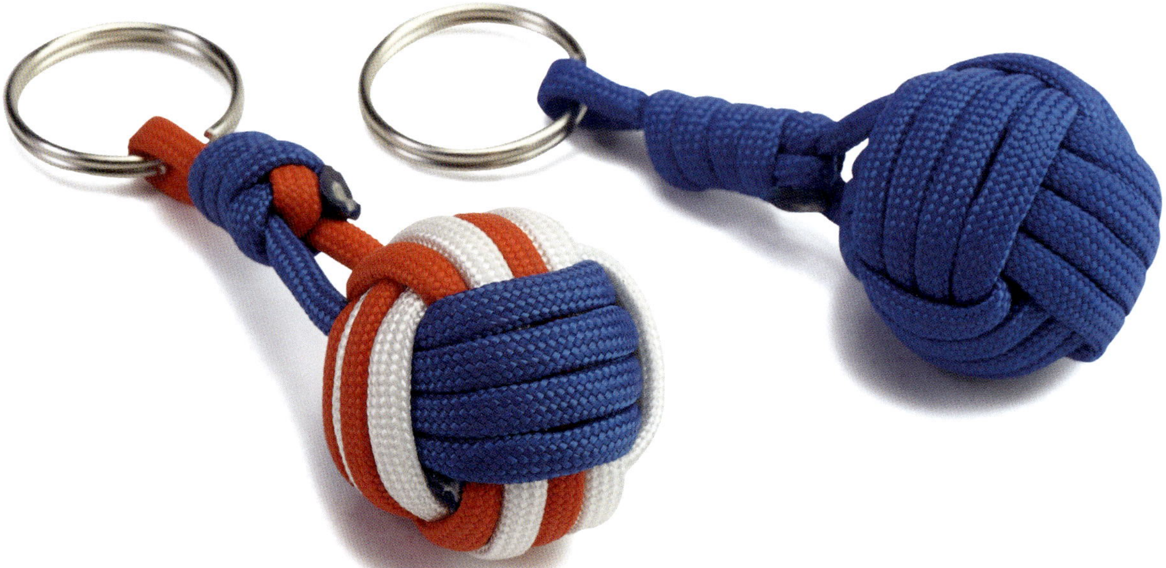

TIPP

Sie erhalten einen schwimmenden Schlüsselanhänger, wenn Sie für die Mitte des Affenfaustknotens einen Styroporkern (2 cm) und außen 275 cm Paracord verwenden.

GRIFF FÜR DIE TASCHENLAMPE

Moderne Taschenlampen bestehen oft aus Metall, das Ihnen bei schwitzenden Händen oder feuchtem Wetter schnell aus den Fingern rutschen kann. Das Umwickeln des Griffs mit Paracord sorgt für einen angenehmen und sicheren Griff. Wenn Sie helle Farben verwenden, lässt sich die Taschenlampe leichter im Rucksack oder auf dem Boden finden. Außerdem kann der Griff auch als Polsterung dienen, sodass er Schäden verhindern kann, wenn die Taschenlampe hinunterfällt.

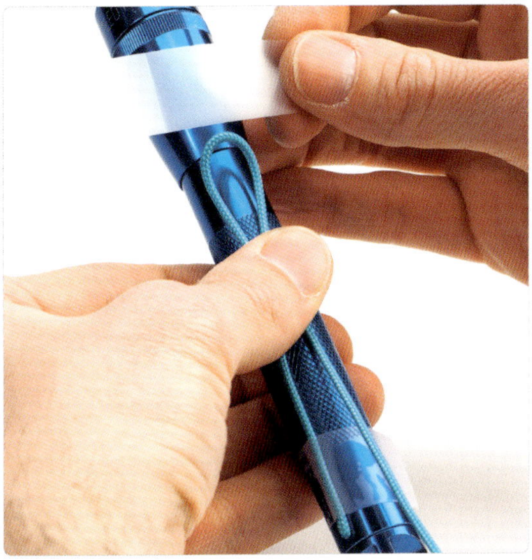

1 Machen Sie eine Schlinge oben an der Taschenlampe mit dem stehenden Ende des 185 cm langen Stranges und kleben Sie es mit einem Stück Tesafilm fest.

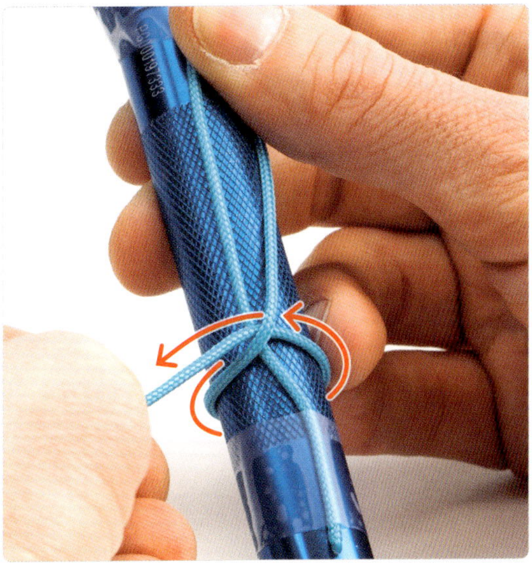

2 Führen Sie das Arbeitsende um die Taschenlampe und rechts unter der Schlinge, die durch das stehende Ende des Seils entstanden ist, hindurch.

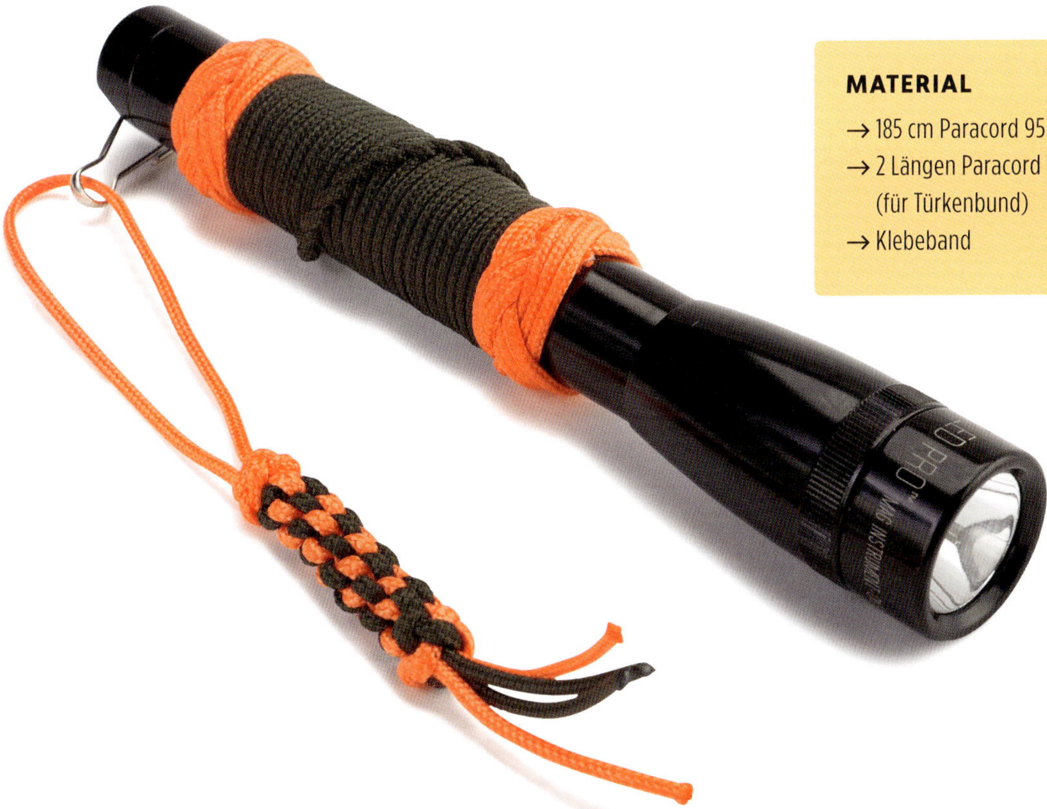

MATERIAL

- → 185 cm Paracord 95 (für den Griff)
- → 2 Längen Paracord 95, je 120 cm (für Türkenbund)
- → Klebeband

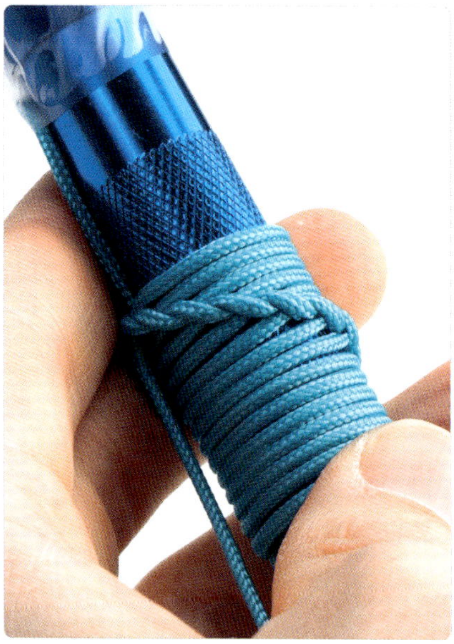

3 Knoten Sie Halbe Schläge (siehe Seite 32) um die Taschenlampe herum und über die Schlinge, die das stehende Ende bildet. Lassen Sie die Spitze der Schlinge frei.

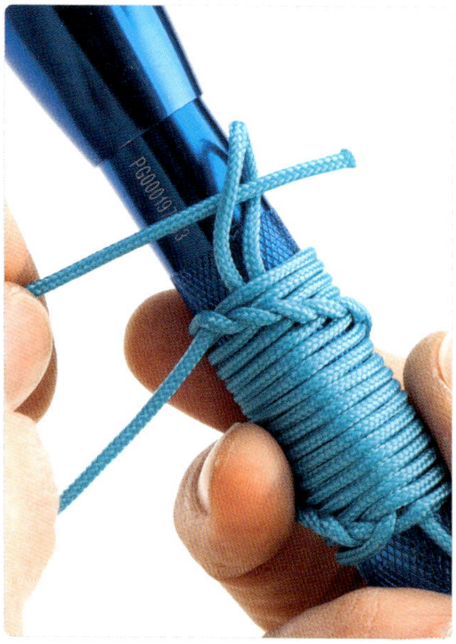

4 Entfernen Sie das Klebeband vom stehenden Ende. Führen Sie das Arbeitsende durch die oberste Schlinge.

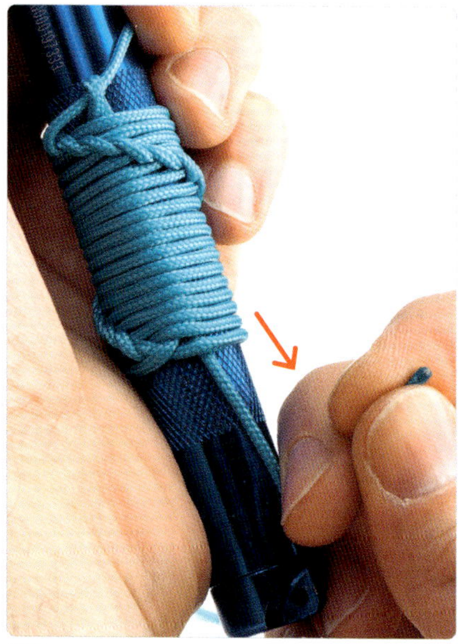

5 Ziehen Sie dann am stehenden Ende, um die Schlinge und das Arbeitsende auf gleicher Höhe wie die Wicklung aus Halben Schlägen festzuziehen. Schneiden Sie die Enden zurecht und verschmelzen oder verkleben Sie sie.

6 Knoten Sie einen Türkenbund um Ihre Finger, wie auf Seite 43 beschrieben.

7 Schieben Sie den Knoten von Ihren Fingern auf die Taschenlampe und ziehen Sie ihn dann fest. Ein Marlspieker kann hier hilfreich sein. Schneiden Sie die Enden zurecht und verschmelzen oder verkleben Sie sie. Stecken Sie sie hinter den Knoten, um Sie zu verstecken.

8 Bringen Sie an der anderen Seite des Griffs aus halben Schlägen einen weiteren Türkenbund an.

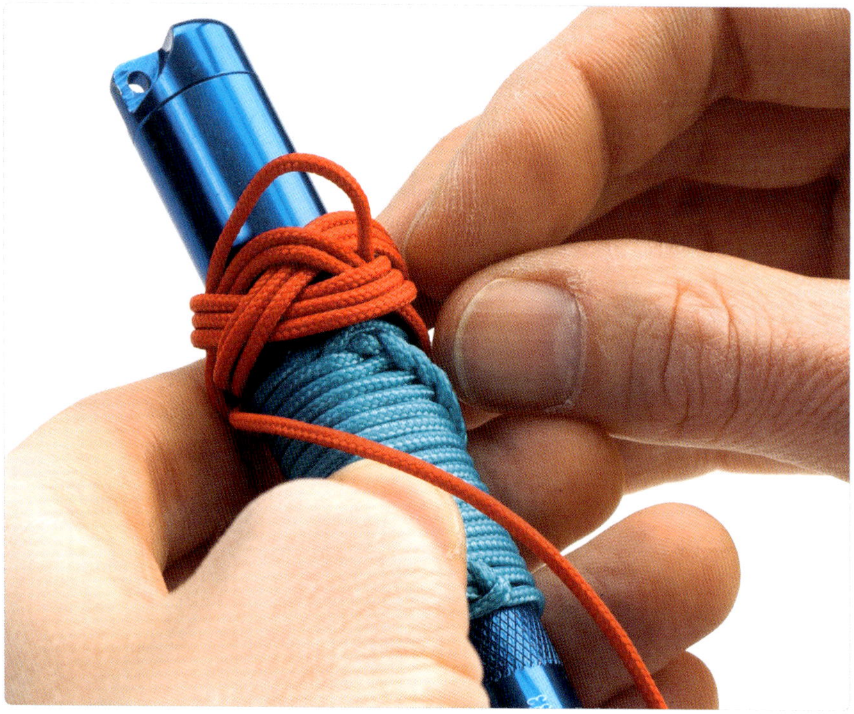

TIPP

Wenn Sie eine größere Taschenlampe umwickeln, verwenden Sie 275 cm Paracord 95 für die Wicklung und je 185 cm Paracord 95 für den Türkenbund.

KNOTENKUNDE

Die Arbeit mit Knoten ist eine tolle Art, individuelle Werkstücke zu gestalten, die Ihre Geschicklichkeit und Individualität zur Schau stellen. In diesem Kapitel lernen Sie all jene Knoten, die in den Arbeiten dieses Buchs verwendet werden. Manche Knoten brauchen ein wenig mehr Übung als andere, aber alle lassen sich meistern. Überdies können die Knoten für alle möglichen anderen Zwecke verwendet werden, die weit über das hier Gezeigte hinausgehen. Lassen Sie Ihrer Kreativität freien Lauf, um sie frei zu kombinieren und herauszufinden, was Sie damit alles machen können!

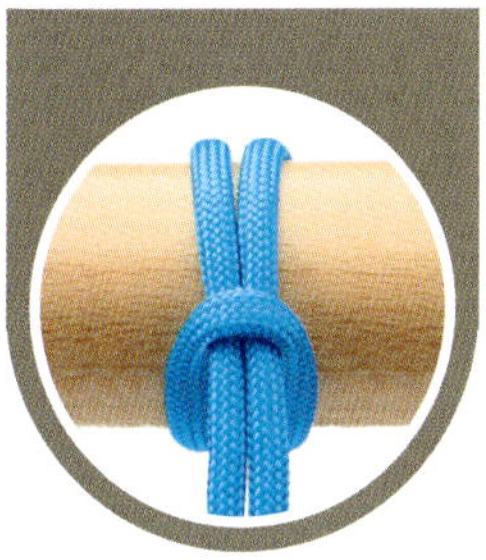

ANKERSTICH

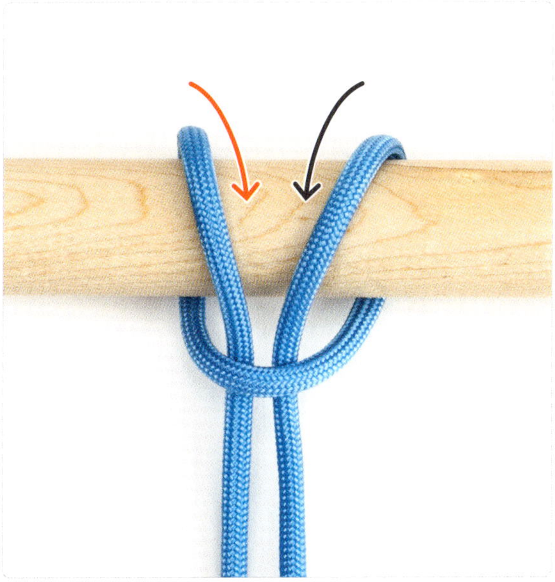

1 Machen Sie eine Schlinge in der Mitte des Seils und führen Sie die Enden hindurch.

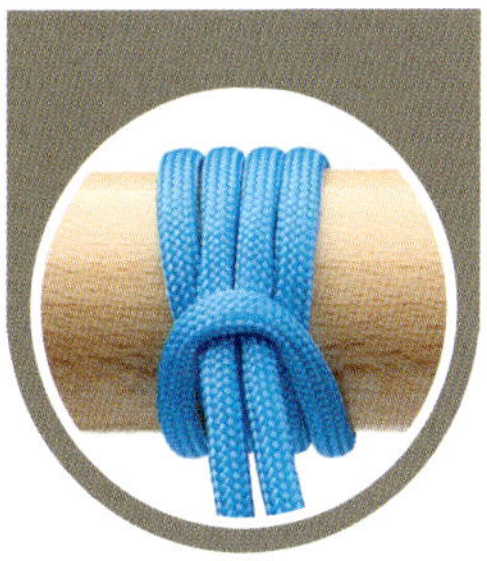

DOPPELTER ANKERSTICH

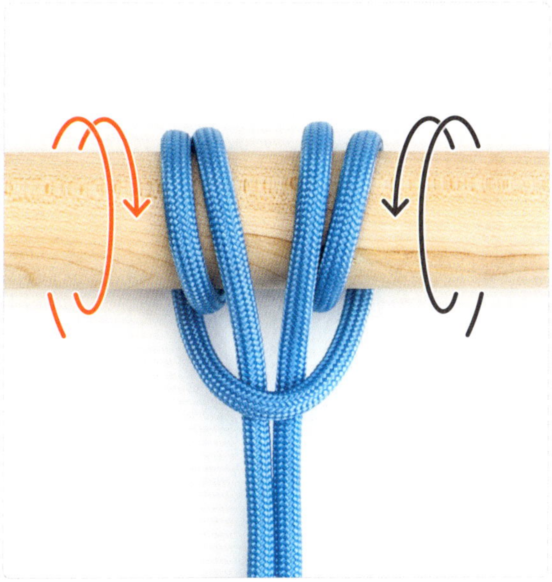

1 Machen Sie einen Ankerstich und führen Sie die Enden ein zweites Mal um den Gegenstand und durch die Schlinge.

TIPP

Sie können Schnürsenkel gestalten, indem Sie je eine Schnürsenkelnadel an jedes Ende schmelzen.

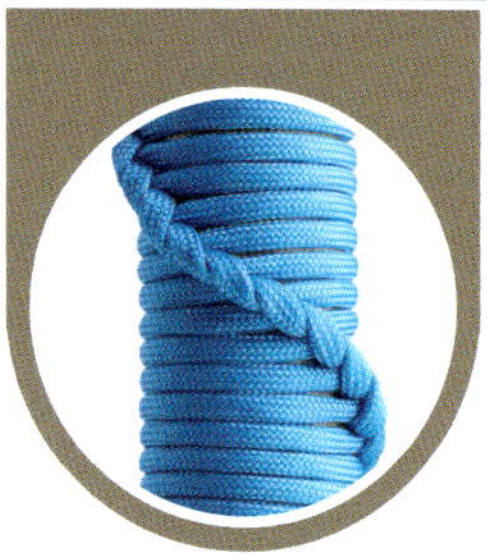

HALBER SCHLAG

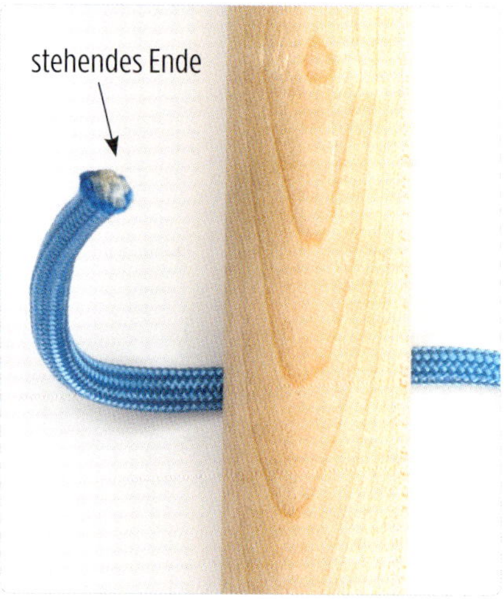

1 Führen Sie den Paracord mit dem stehenden Ende an der linken Seite und dem Arbeitsende nach rechts unter Ihrem Gegenstand hindurch.

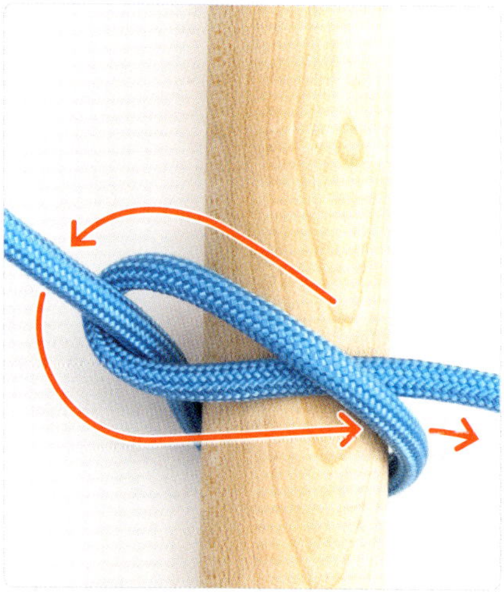

2 Führen Sie das Arbeitsende um das stehende Ende und durch die so entstandene Schlinge.

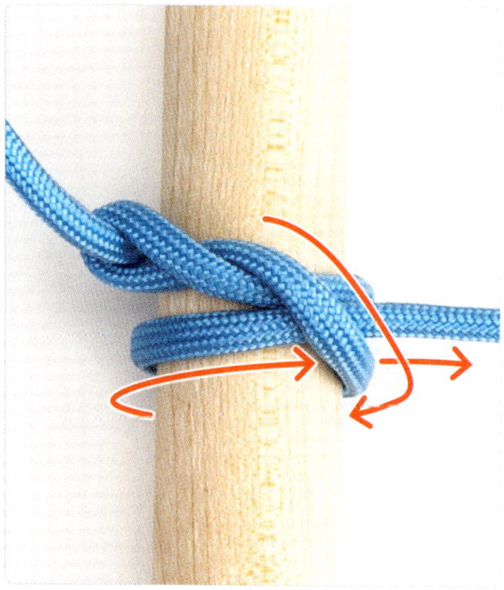

3 Arbeiten Sie unter dem vorherigen Knoten und bringen Sie das Arbeitsende um den Gegenstand und ziehen Sie es unter sich selbst durch, sodass eine Schlinge um den Gegenstand entsteht. Festziehen.

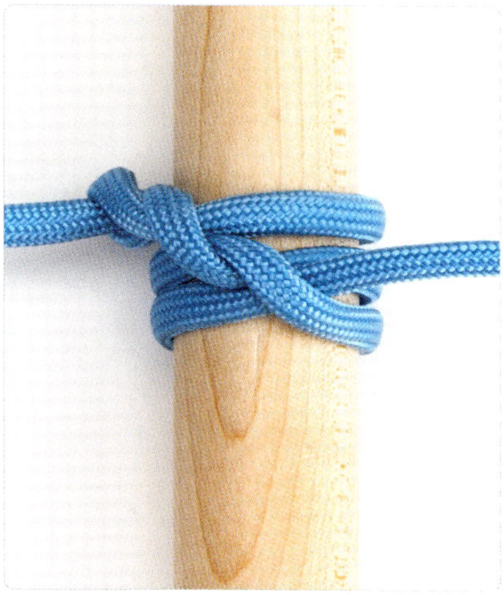

4 Wiederholen und dabei das Arbeitsende um den Gegenstand bringen und unter sich selbst kreuzen.

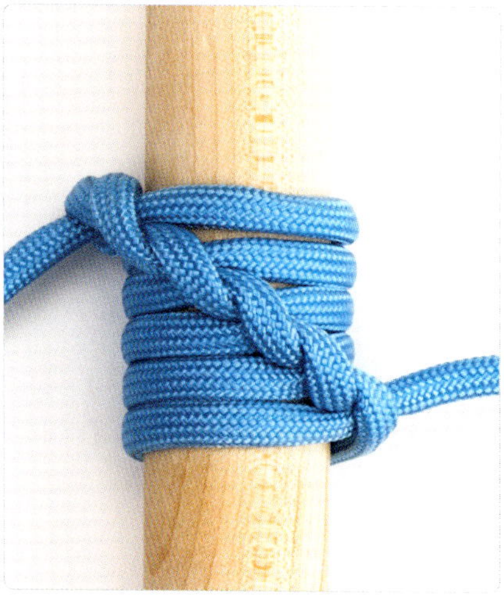

5 Wiederholter Halber Schlag.

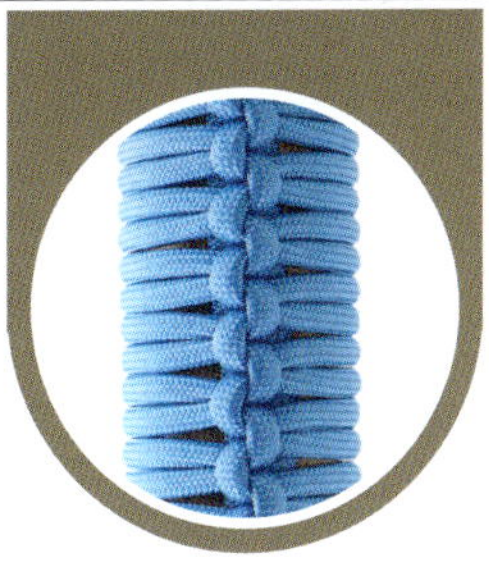

HALBER SCHLAG, WECHSELND

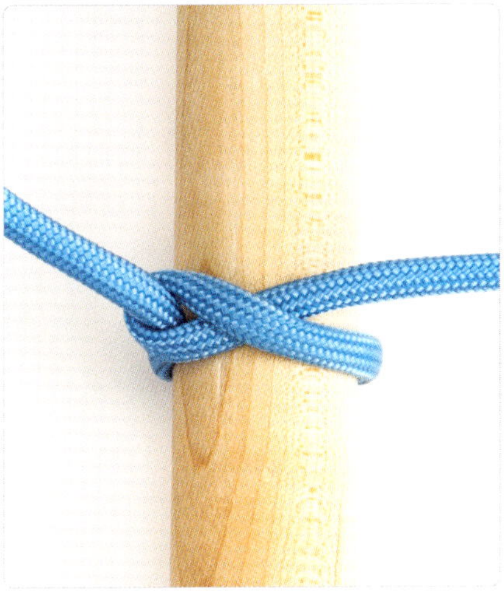

1 Wiederholen Sie die Schritte 1–2 für den Halben Schlag (siehe Seite 32)

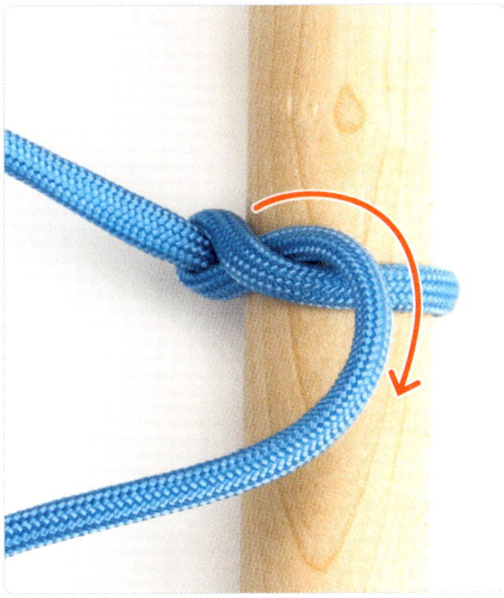

2 Ändern Sie die Richtung des Seils, indem Sie das Arbeitsende nach links außen bringen.

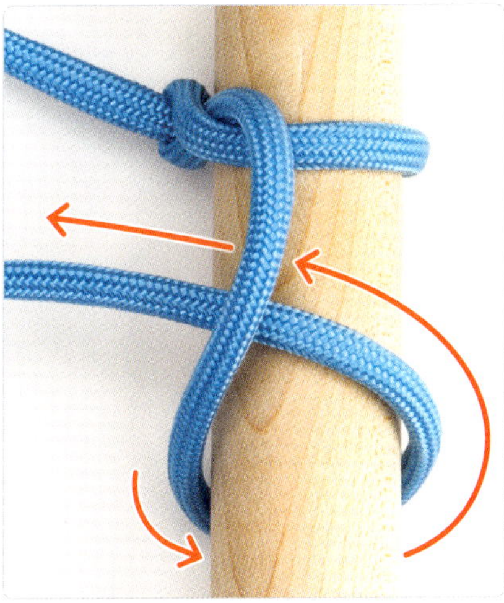

3 Knoten Sie einen Halben Schlag, indem Sie das Arbeitsende um den Gegenstand und dann durch die Schlinge, die in dem Seil entstanden ist, hindurchführen.

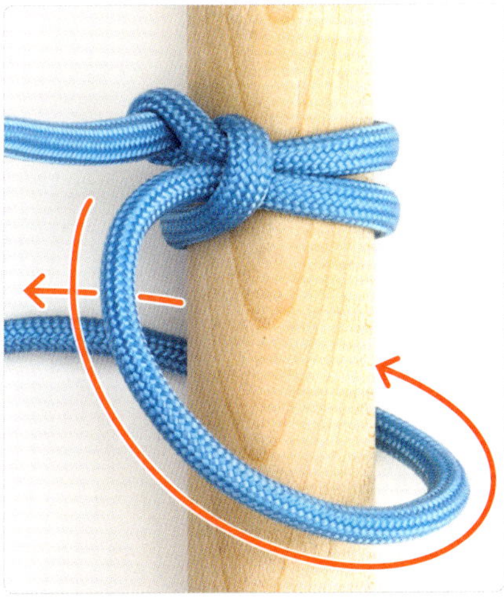

4 Ändern Sie die Richtung des Seils, indem Sie das Arbeitsende rechts über den Gegenstand und um ihn herum führen.

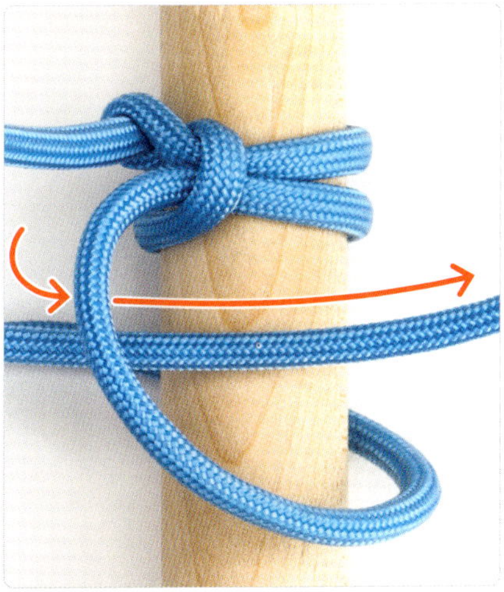

5 Knoten Sie einen Halben Schlag, indem Sie das Arbeitsende durch die so entstandene Schlinge hindurchführen.

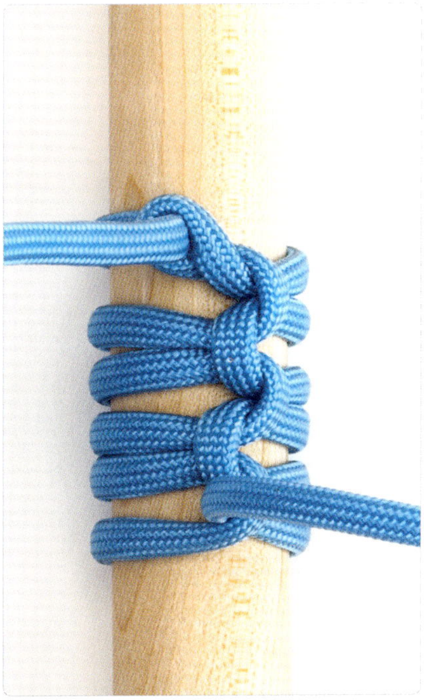

6 Der wiederholt abgewechselte Halbe Schlag.

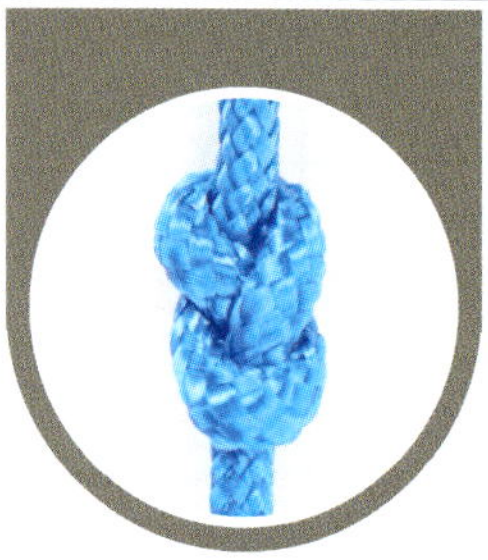

ACHTERKNOTEN

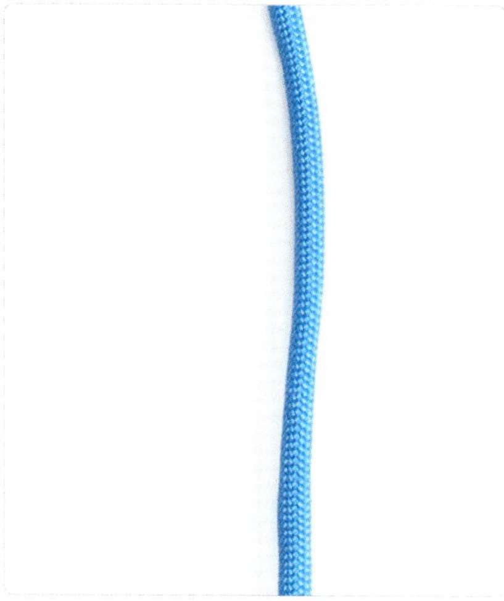

1 Legen Sie das Seil gerade vor sich hin. Das obere Ende ist das Arbeitsende.

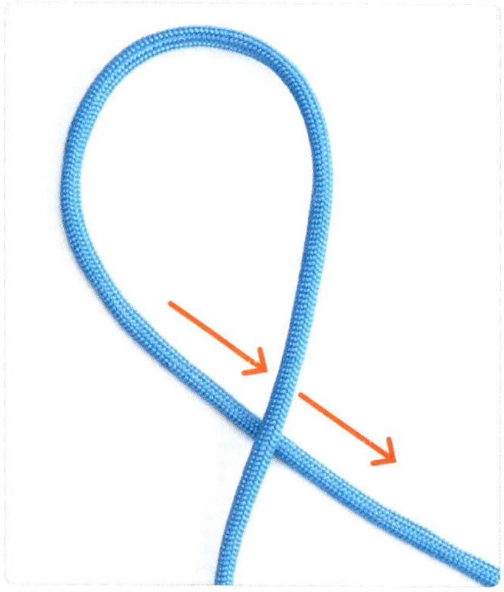

2 Führen Sie das Arbeitsende nach unten und unter dem stehenden Ende hindurch, um eine Schlinge zu bilden.

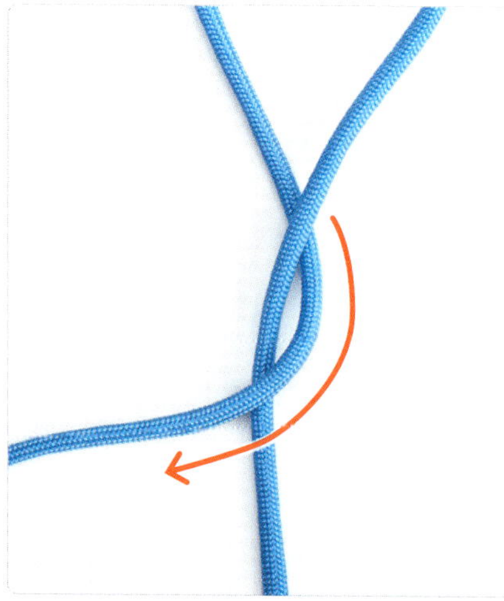

3 Führen Sie das Arbeitsende über das links liegende Ende.

Der doppelte Knoten

A Sie können einen Knoten doppelt machen, indem Sie dem ersten Knoten mit dem stehenden Ende folgen. Falten Sie dafür das stehende Ende zurück über sich selbst, um eine Schlinge am unteren Ende des Knotens zu bilden. Die Größe dieser Schlinge hängt von Ihrem Werkstück ab. Führen Sie das stehende Ende dann durch den Knoten und arbeiten Sie immer parallel auf der rechten Seite des verknoteten Seils. Achten Sie auf die Verwindung und verdrehen Sie das Seil, wenn nötig oder drehen Sie es aus, sodass der Knoten flach wird.

B Ziehen Sie den Knoten fest.

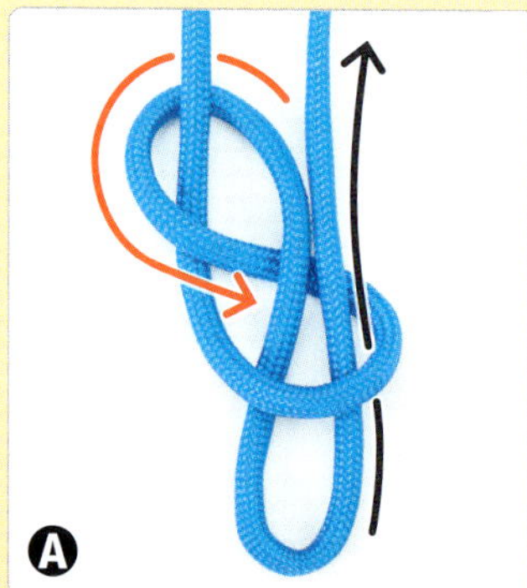

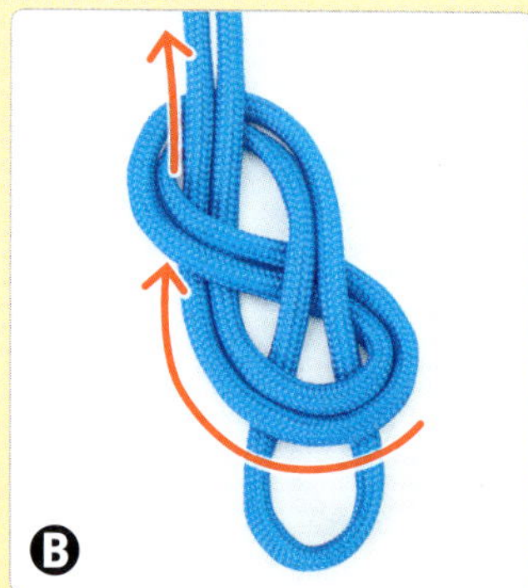

A Sie können den Knoten auch verdoppeln, indem Sie das verwendete Seil einfach doppelt nehmen. Falten Sie dafür das Seil, um in der Mitte eine Schlinge zu bilden, und verwenden Sie diese als Ihr Arbeitsende.

B Ziehen Sie den Knoten fest.

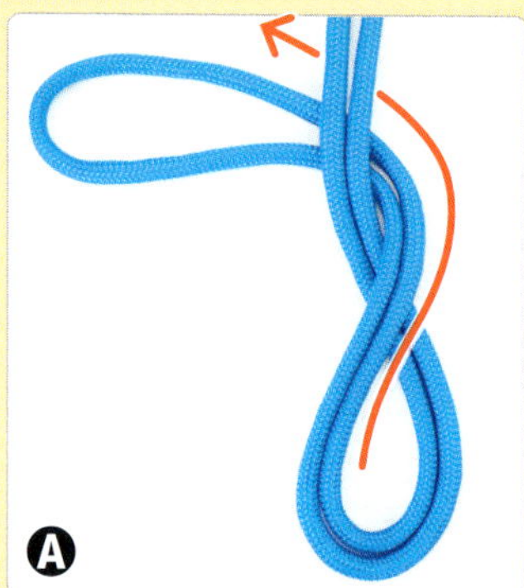

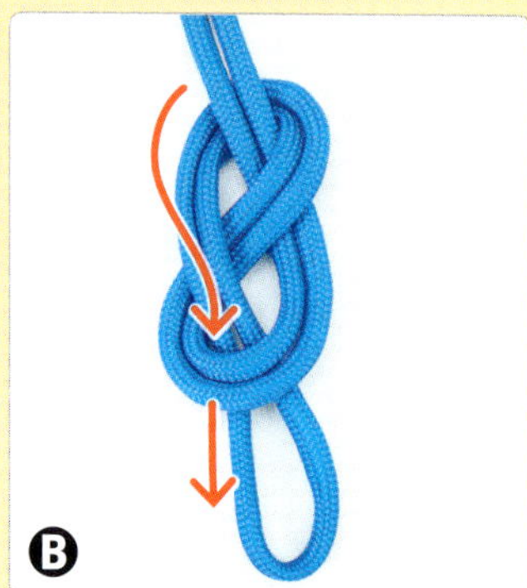

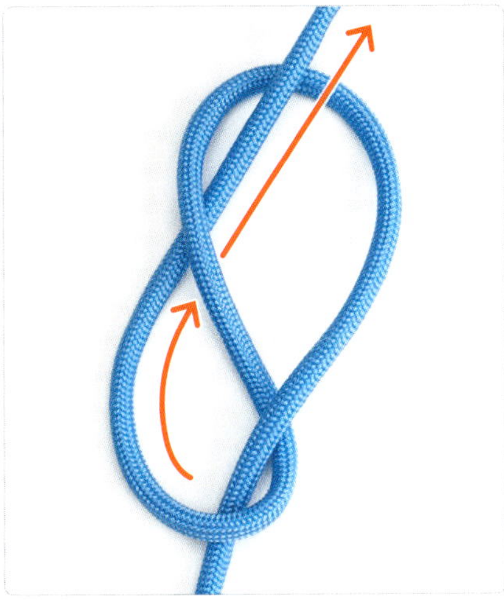

4 Bringen Sie das Arbeitsende unter und dann durch die Schlinge.

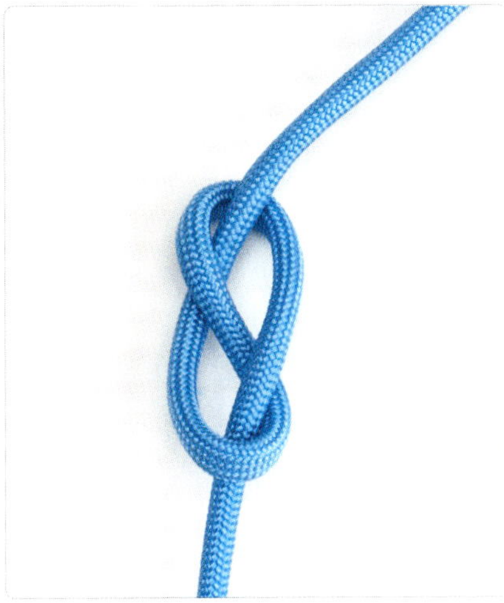

5 Ziehen Sie den Knoten fest.

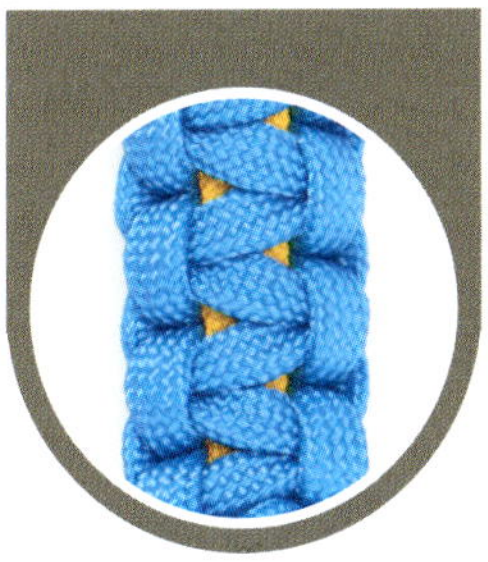

KREUZKNOTEN ÜBER TRÄGERSEILE

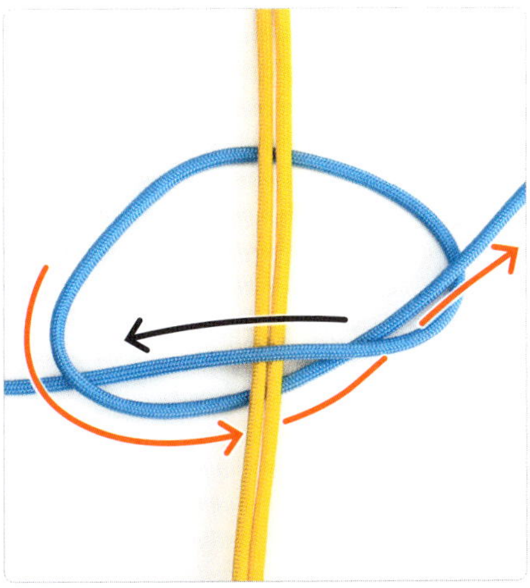

1 Beginnen Sie damit, das Arbeitsende waagrecht hinter die senkrecht liegenden Trägerseile zu bringen. Führen Sie das rechte Arbeitsende über die Trägerseile und bringen Sie dann das linke Arbeitsende über das rechte Arbeitsende, unter den Trägerseilen durch und über die Schlinge, die am rechten Arbeitsende entstanden ist.

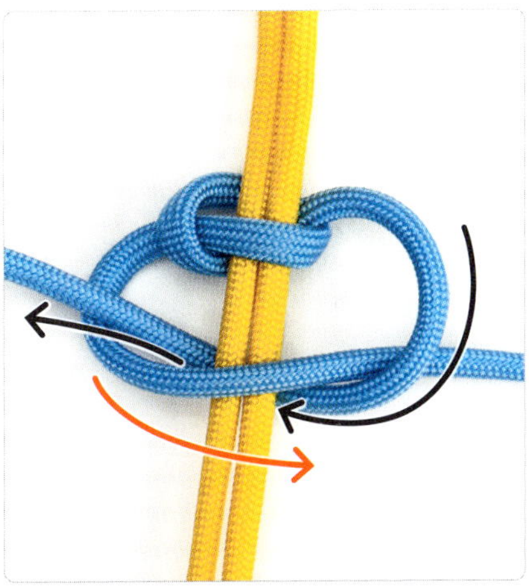

2 Führen Sie das linke Arbeitsende über die Trägerseile. Bringen Sie dann das rechte Arbeitsende über das linke Arbeitsende, unter die Trägerseile und wieder über und durch die Schlinge, die am linken Arbeitsende entstanden ist.

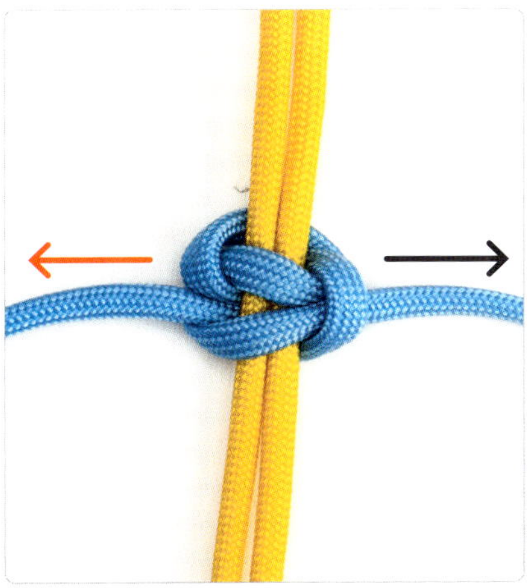

3 Ziehen Sie den Knoten fest.

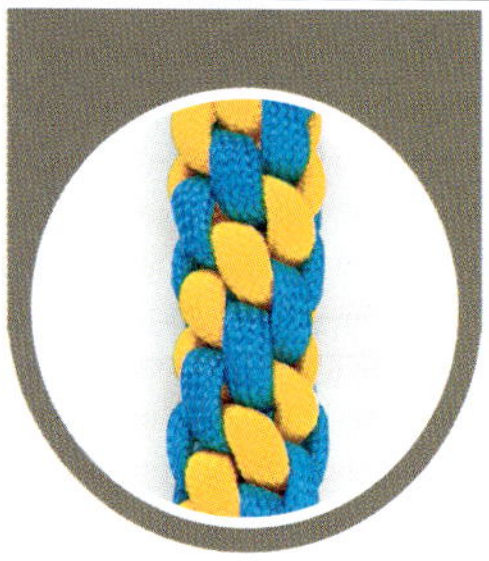

RUND GEKNOTETER DIAMANTKNOTEN

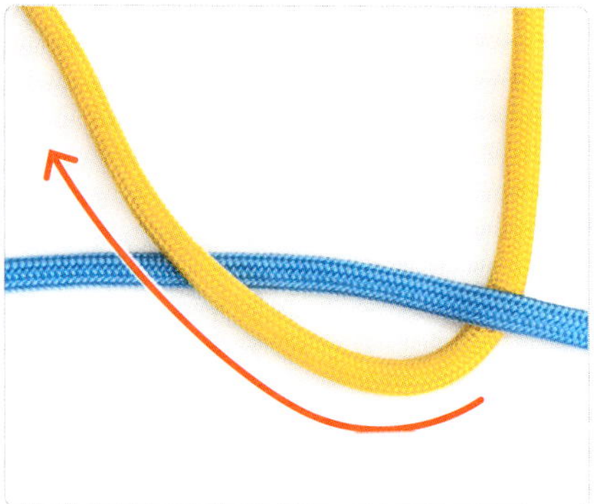

1 Legen Sie zwei Seile im rechten Winkel zueinander hin, um mit dem senkrechten und unten liegenden Seil ein „+“ zu formen. Arbeiten Sie im Uhrzeigersinn und falten Sie den unteren Strang nach oben links. Wenn Sie diesen Knoten zum ersten Mal machen, kann es hilfreich sein, jeden Strang nach dem Falten mit Klebeband zu fixieren.

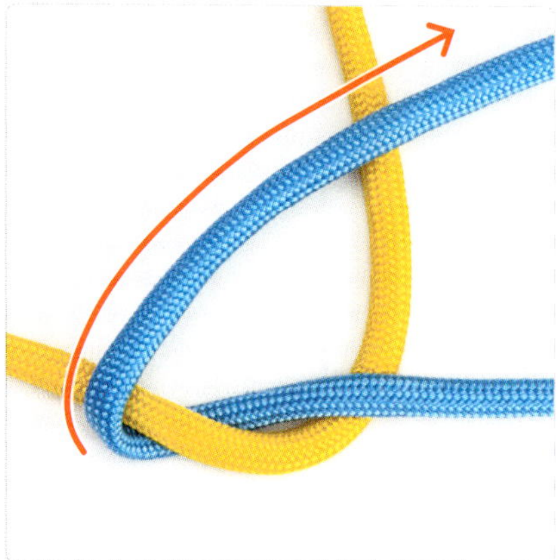

2 Falten Sie den linken Strang über den rechten.

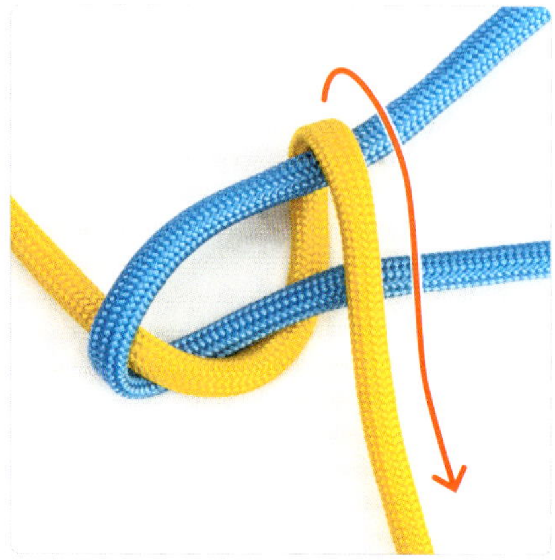

3 Falten Sie den obersten Strang nach unten rechts.

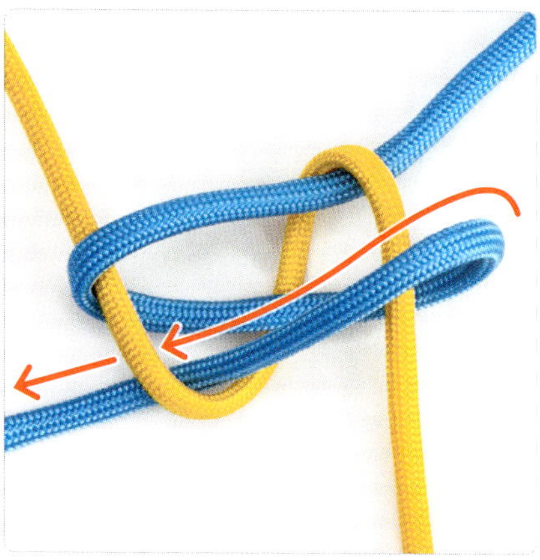

4 Falten Sie den rechten Strang über den linken und führen Sie ihn durch die Schlinge unten links, die Sie als allererstes gemacht haben.

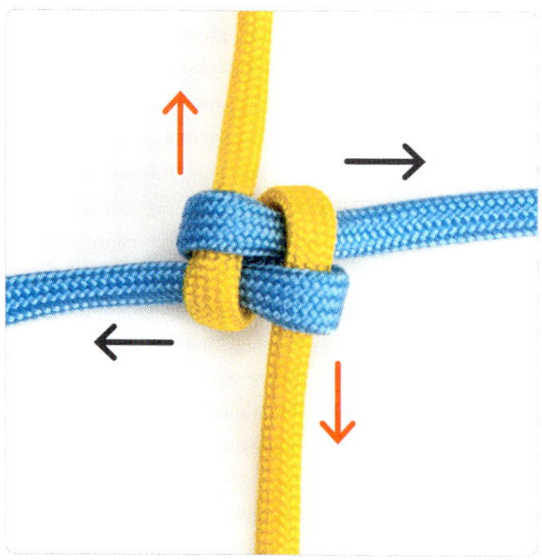

5 Ziehen Sie den Knoten fest und achten Sie dabei darauf, an jedem Strang gleichmäßig und im rechten Winkel zu ziehen, um ein Quadrat wie auf der Abbildung zu erhalten.

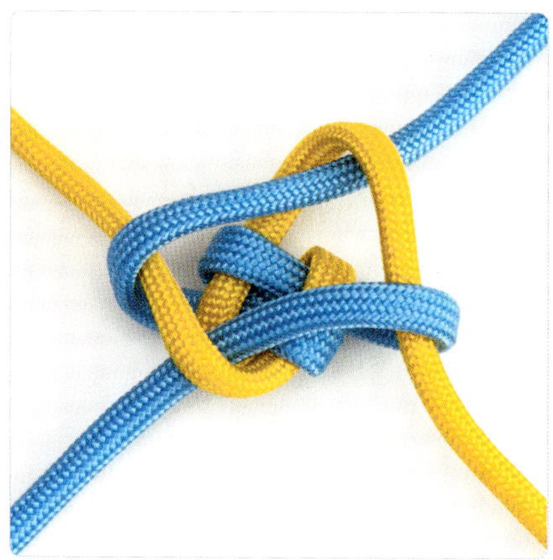

6 Durch die Wiederholung des Musters entsteht ein rundes Band aus Diamantknoten.

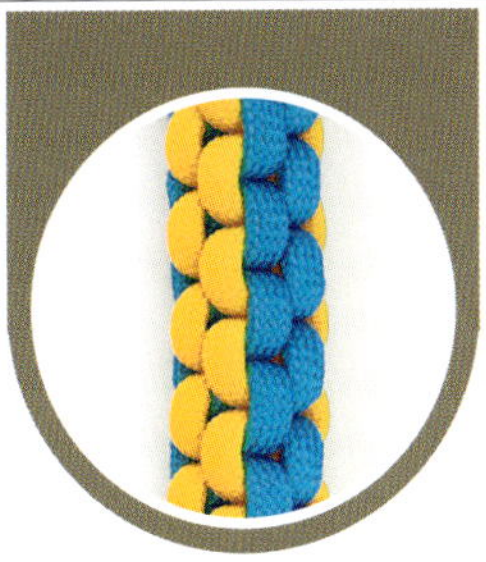

ECKIG GEKNOTETER DIAMANTKNOTEN

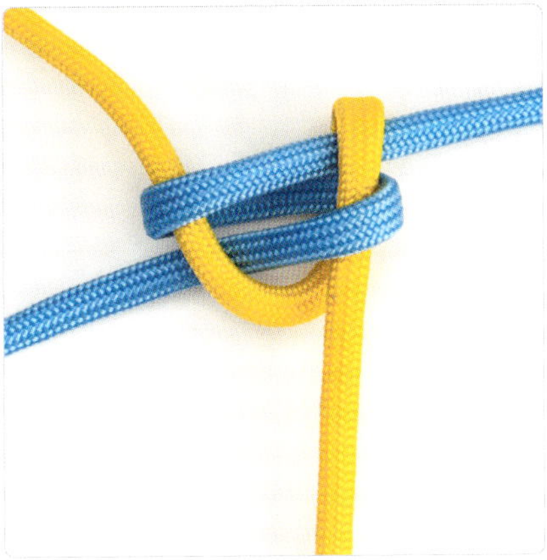

1 Arbeiten Sie im Uhrzeigersinn und wiederholen Sie die Schritte 1–5 für den rund geknoteten Diamantknoten (siehe Seite 36).

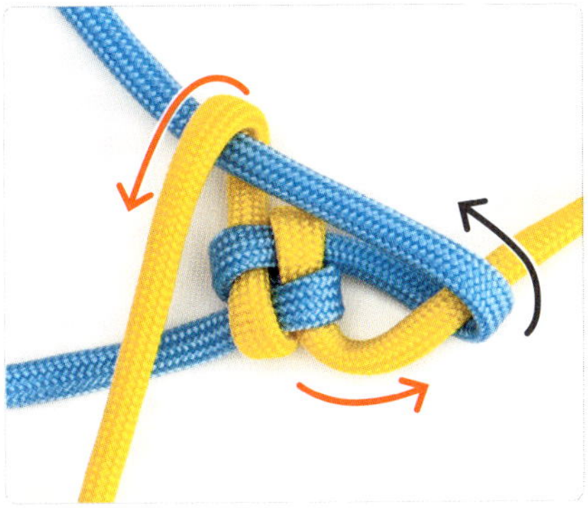

2 Um die eckige Form zu erhalten, müssen Sie das Knotenmuster gegen den Uhrzeigersinn knoten. Beginnen Sie damit, den unteren Strang nach oben rechts zu falten. Falten Sie den rechten Strang nach oben links. Falten Sie den oberen Strang nach unten links. Stellen Sie das Muster fertig, indem Sie den linken Strang über den rechten falten und durch die Schlinge, die durch das erste Falten unten rechts entstanden ist, hindurch (hier nicht gezeigt).

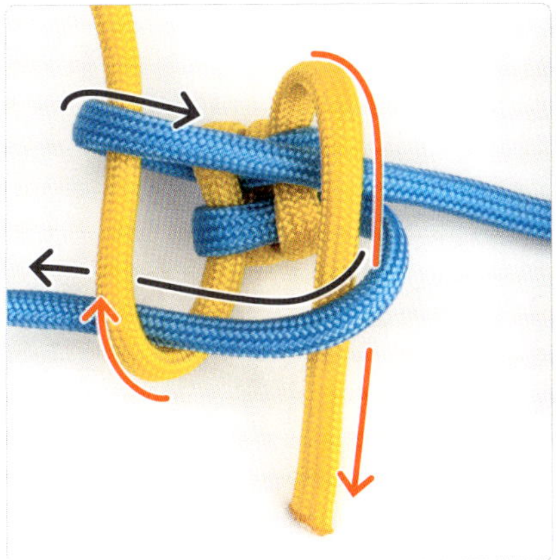

3 Ändern Sie die Knotenrichtung erneut und arbeiten Sie nun im Uhrzeigersinn. Wiederholen Sie den Vorgang und wechseln Sie dabei ab, ob Sie im oder gegen den Uhrzeigersinn knoten.

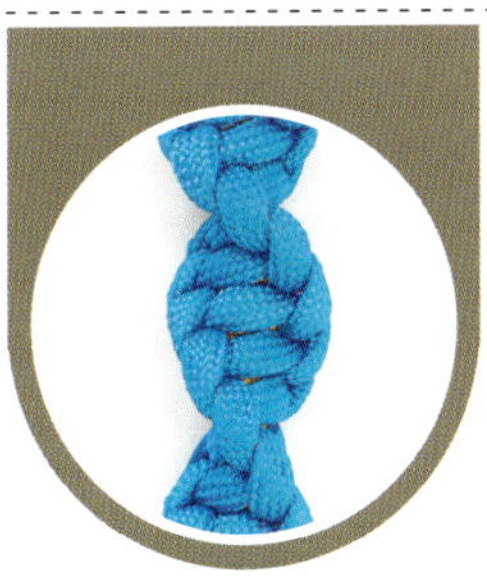

SPIRALE AUS HALBEN SCHLÄGEN

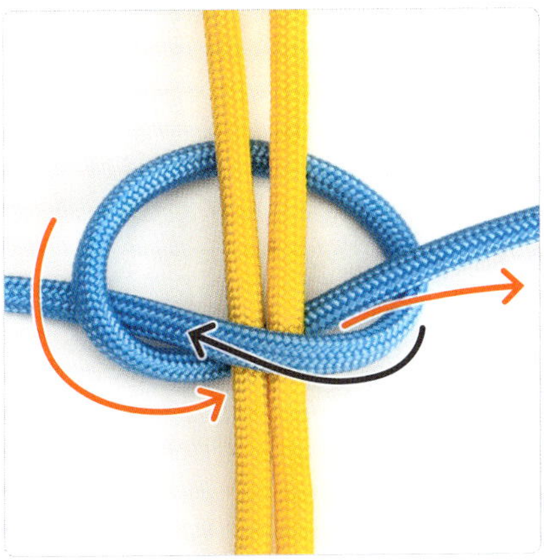

1 Beginnen Sie mit dem waagrecht liegenden Arbeitsseil hinter den senkrechten Trägerseilen. Führen Sie das rechte Arbeitsende über die Trägerseile. Führen Sie das linke Arbeitsende über das rechte Arbeitsende, unter den Trägerseilen hindurch und über und durch die Schlinge, die durch das rechte Arbeitsende entstanden ist.

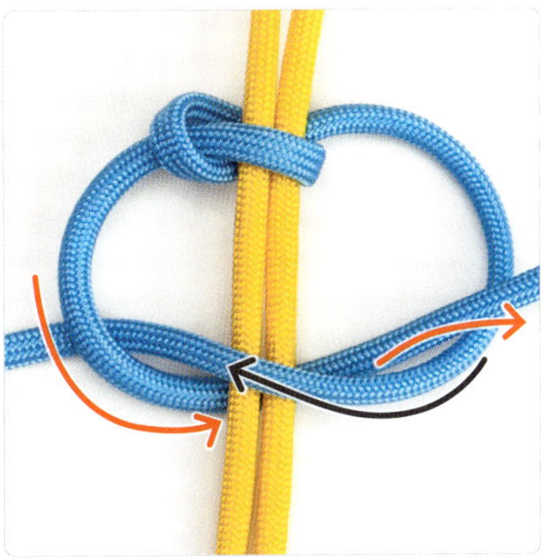

2 Wiederholen Sie diesen Vorgang.

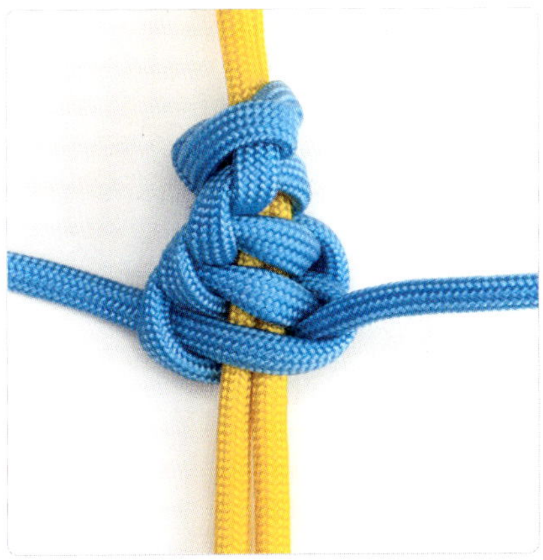

3 Durch das Wiederholen des Knüpfmusters entsteht eine Spirale rund um die Trägerseile.

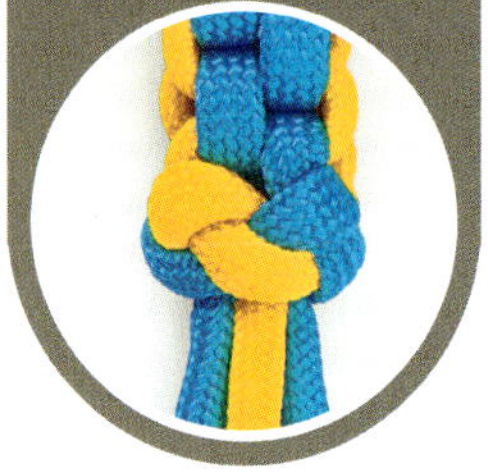

ENDKNOTEN

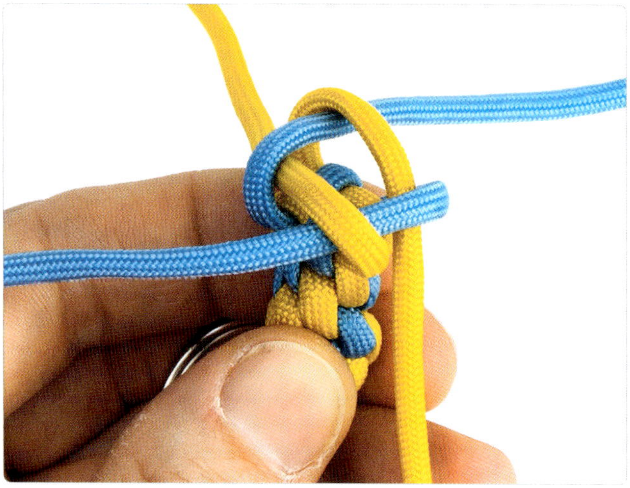

1 Befolgen Sie die Schritte 1–4 des Diamantknotens (siehe Seite 36), nachdem Sie ein Band aus Diamantknoten geknüpft haben, um einen lockeren Diamantknoten herzustellen.

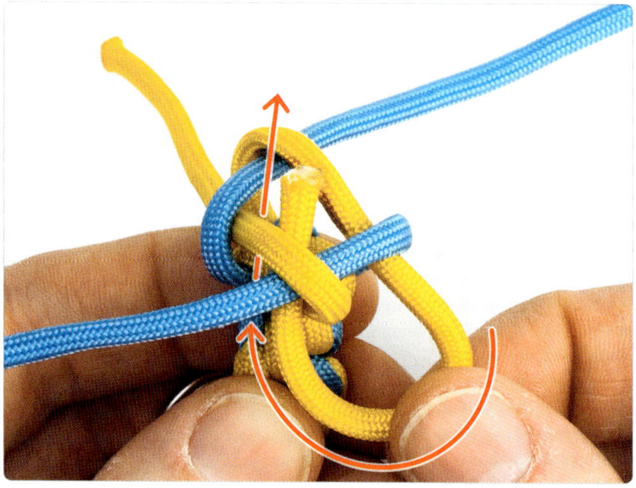

2 Arbeiten Sie weiter in die Richtung (im oder gegen den Uhrzeigersinn), in die Sie den Diamantknoten geknüpft haben. Beginnen Sie mit dem unteren Strang und führen Sie Ihn um die danebenliegende Schlinge und nach oben durch die Mitte des Knotens.

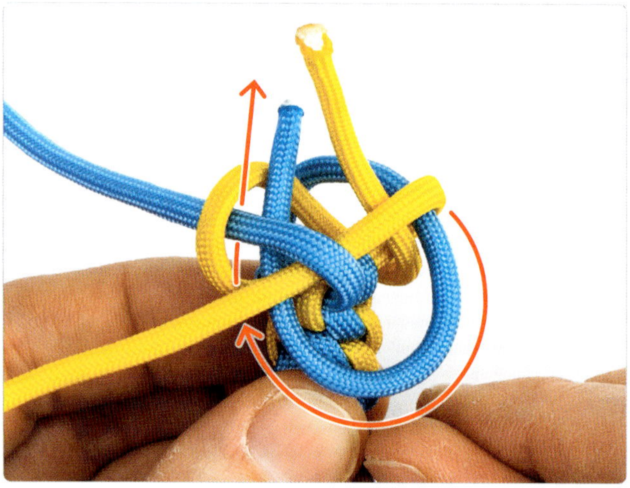

3 Drehen Sie den Knoten und fahren Sie damit fort, bis alle Stränge durch die Mitte des Knotens geführt wurden.

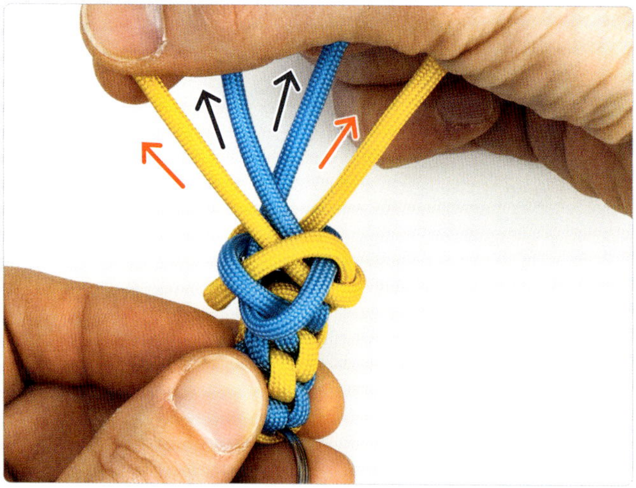

4 Ziehen Sie den Knoten fest, indem Sie alle Enden nach oben ziehen, und arbeiten Sie dabei im Uhrzeigersinn. Wenn Ihr Knoten fester wird, können Sie auch an allen Enden gleichzeitig ziehen, um ihn fertigzustellen.

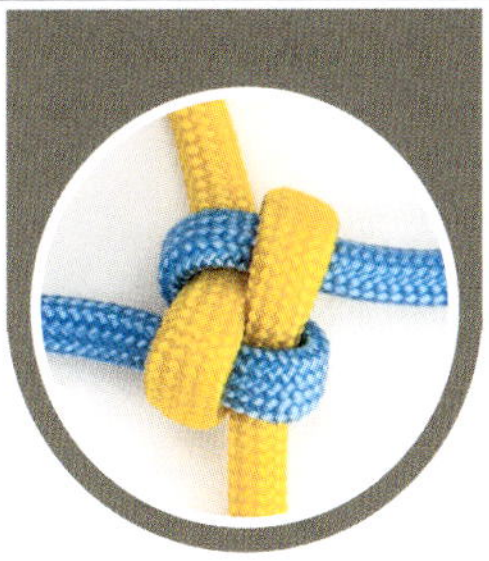

DIAMANTKNOTEN FÜR EIN NETZ

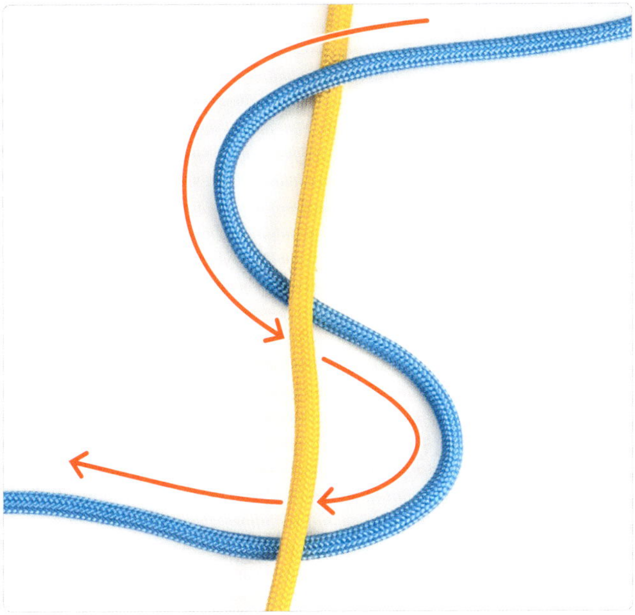

1 Legen sie 2 Seile parallel nebeneinander. Kreuzen Sie das obere Ende von Seil A (rechts) über Seil B (links). Verwenden Sie dann Seil A um eine nach rechts führende Schlinge unter Seil B hindurchzuführen.

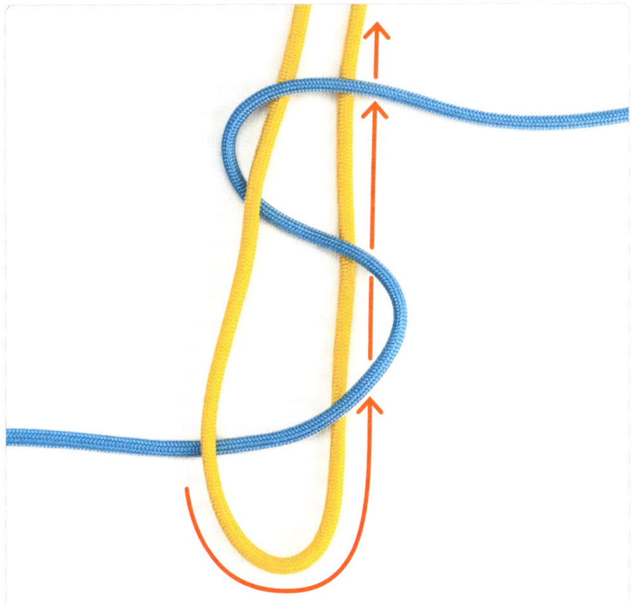

2 Legen Sie mit Seil B eine Schlinge von unten nach oben rechts und schieben Sie es dabei immer unter Seil A hindurch.

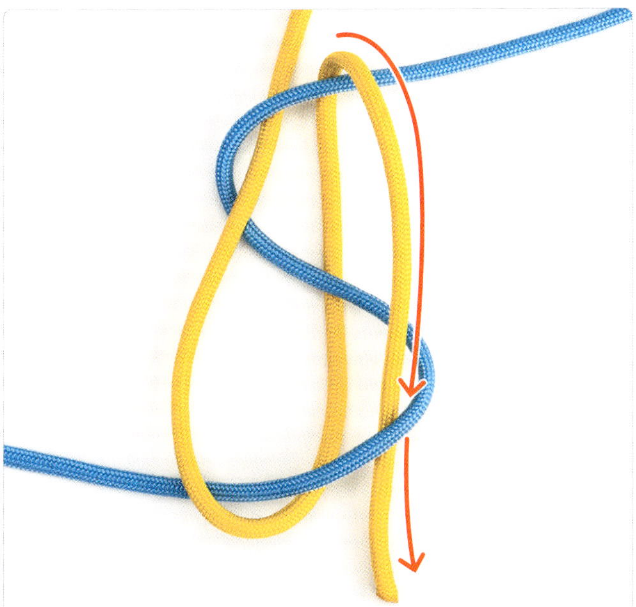

3 Falten Sie den oberen rechten Strang von Seil B nach unten und führen Sie ihn über den oberen rechten Strang von Seil A und unten durch die Schlinge, die durch Seil A gebildet wurde (die Schlinge aus Schritt 1).

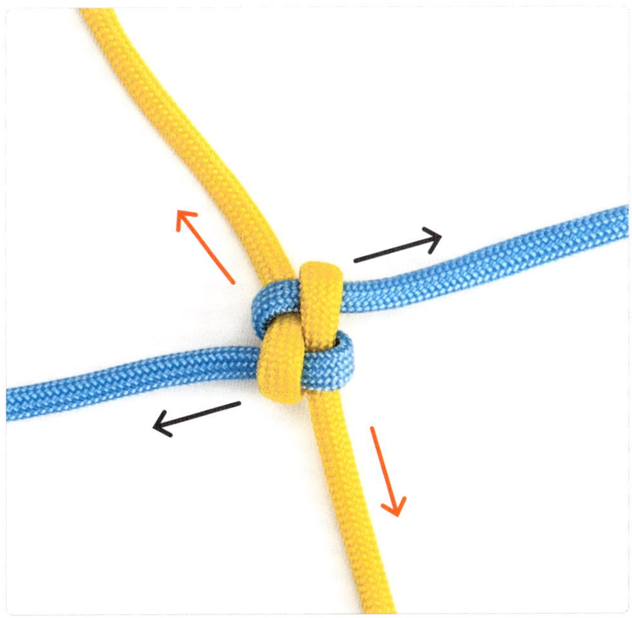

4 Ziehen Sie den Knoten fest und achten Sie dabei darauf, dass Sie jeden Strang gleichmäßig und im rechten Winkel zu den danebenliegenden Strängen festziehen, um einen quadratischen Knoten wie auf der Abbildung zu erhalten.

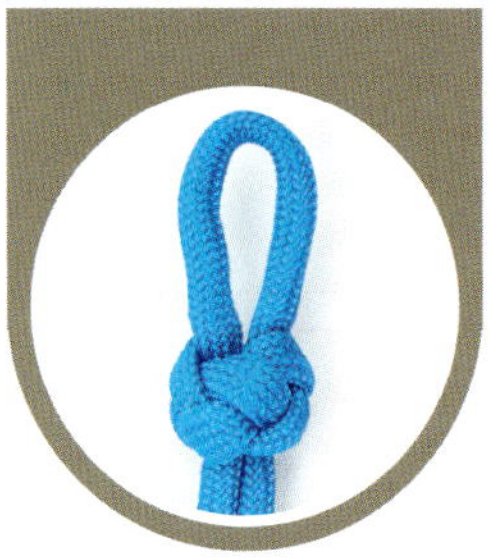

SCHLÜSSELBANDKNOTEN

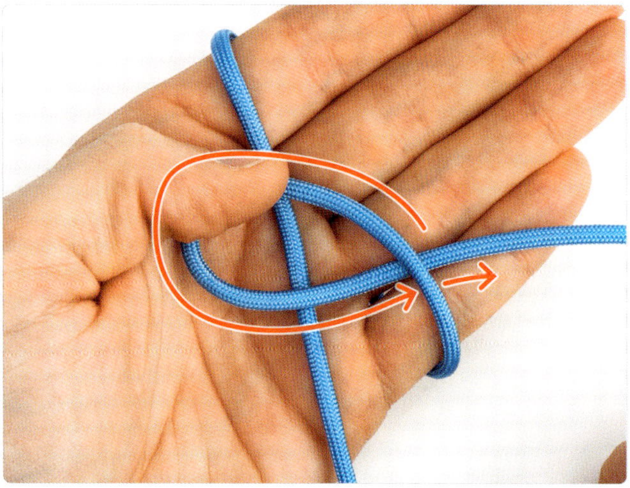

1 Falten Sie das Seil in der Mitte über Ihre Finger, sodass das linke Arbeitsende vorne auf Ihrer Hand zu liegen kommt und das rechte Arbeitsende hinter Ihre Hand führt. Verwenden Sie das rechte Arbeitsende, um eine Schlinge zu formen und legen Sie sie auf das linke Arbeitsende. Achten Sie darauf, dass das rechte Arbeitsende wie auf dem Bild gezeigt, unter und nicht über der Schlinge ist.

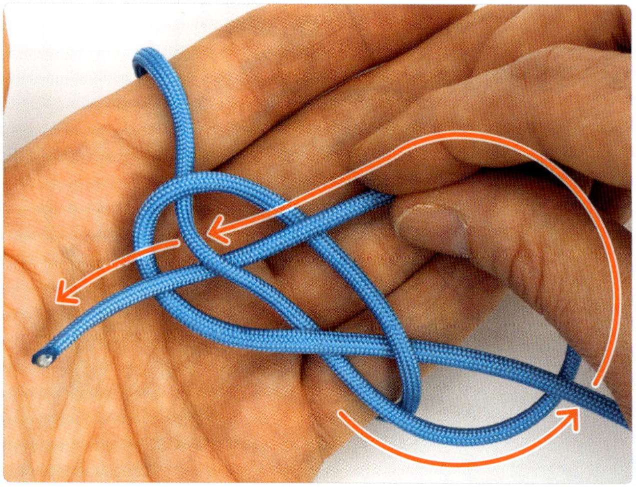

2 Führen Sie das linke Arbeitsende unter dem rechten durch und dann durch die oberen Stränge auf Ihrer Hand, erst darüber, dann darunter und dann wieder darüber.

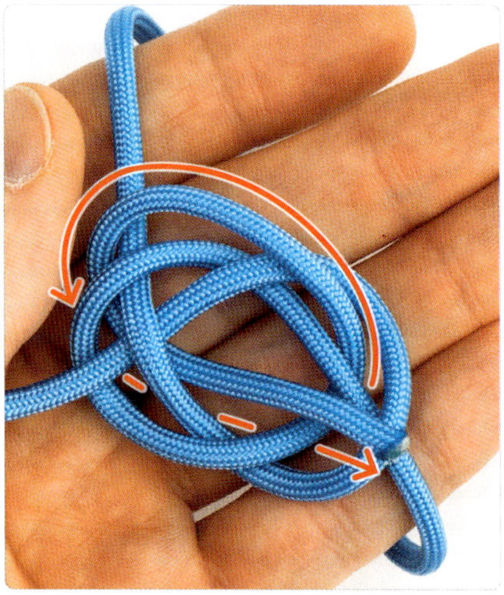

3 Bringen Sie das rechte Arbeitsende über den Strang, der oben auf Ihrer Hand liegt, und durch die Mitte des Knotens.

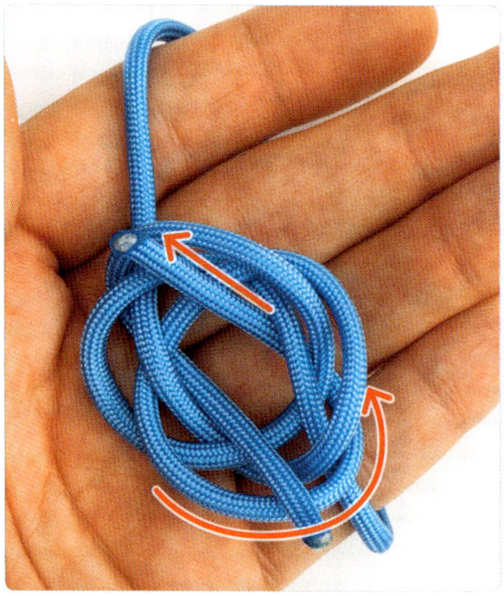

4 Führen Sie das linke Arbeitsende über den Strang, der unten auf Ihrer Hand liegt und durch die Mitte des Knotens.

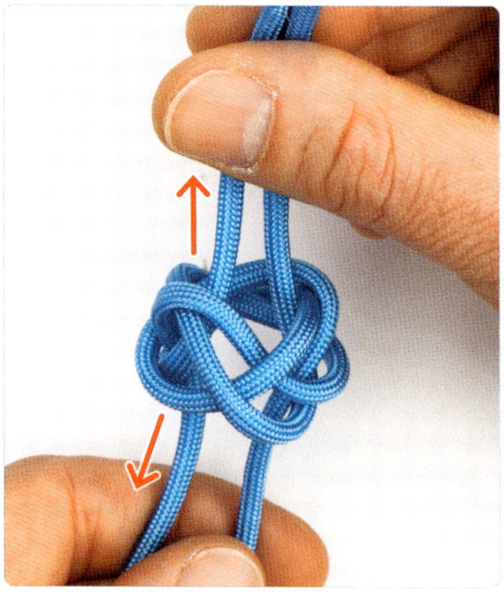

5 Nehmen Sie den Knoten von Ihrer Hand. Ziehen Sie ihn fest, indem Sie oben an den Arbeitsenden und unten an der Anfangsschlinge ziehen. Wenn nötig, ziehen Sie jeden Teil des Knotens einzeln fest.

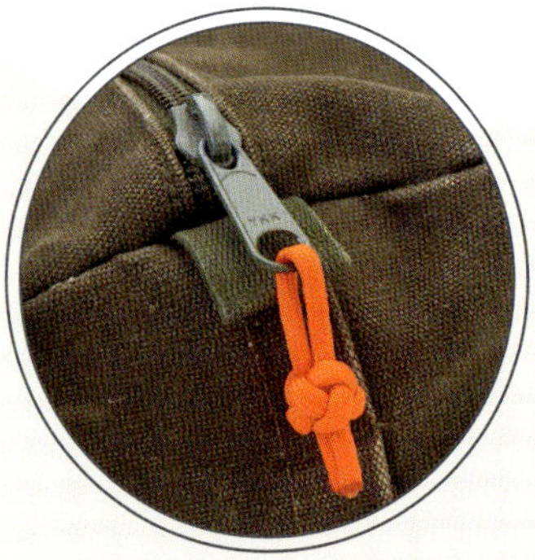

TIPP

Schlüsselbandknoten sind bestens als Anhänger für Reißverschlüsse geeignet. Führen Sie den Paracord durch den Reißverschluss und knoten Sie dann den Schlüsselbandknoten, sodass die Schlinge im Reißverschluss bleibt. Sie können den Knoten auch als Knopf verwenden, indem Sie die Anfangsschlinge in den Knoten einarbeiten.

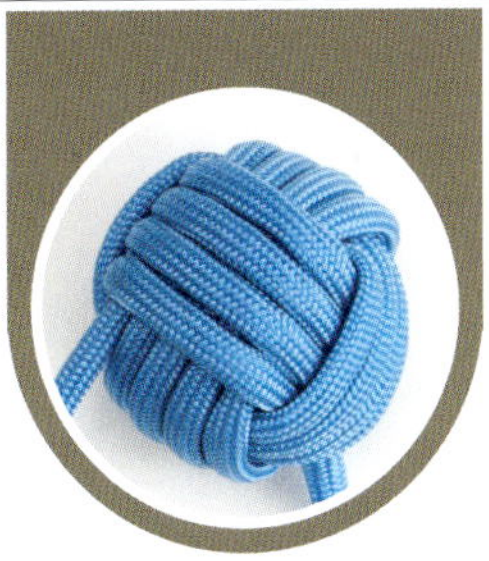

AFFENFAUSTKNOTEN

Verwenden Sie 135–150 cm Paracord, um diesen Knoten zu knüpfen. Eine Flechtnadel erleichtert das Formen des Knotens.

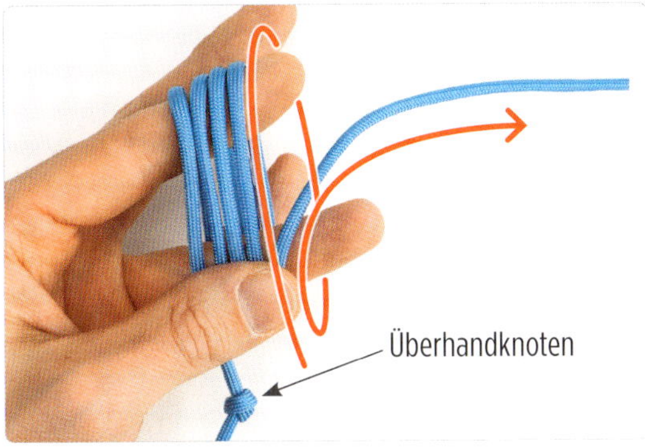

1 Machen Sie einen Überhandknoten in das stehende Ende als Referenzpunkt. Wickeln Sie das Arbeitsende viermal um Ihre Finger und halten Sie die Wicklung immer parallel. Die Zahl der Wicklungen hängt von der Größe der Mittelkugel ab. Machen Sie mehr oder weniger Umwicklungen, je nachdem, wie Sie es möchten. Entfernen Sie den Mittelfinger aus der Mitte der Wicklungen und bringen Sie das Arbeitsende nach rechts.

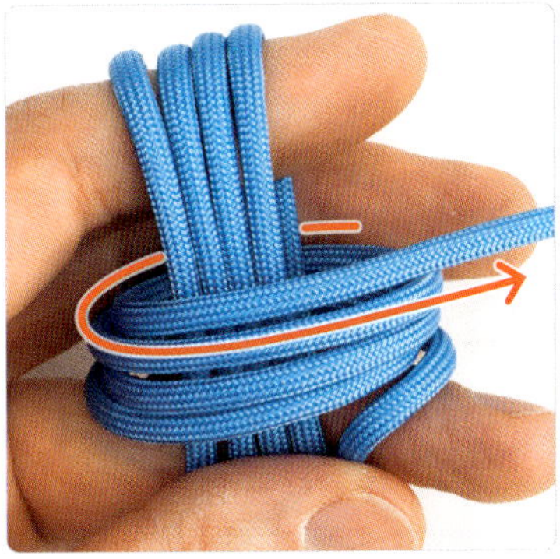

2 Wickeln Sie das Arbeitsende nun viermal horizontal über den Mittelpunkt der vertikalen Umwicklungen und achten Sie darauf, dass sie immer parallel liegen und sich niemals überkreuzen. Führen Sie das Arbeitsende nach rechts.

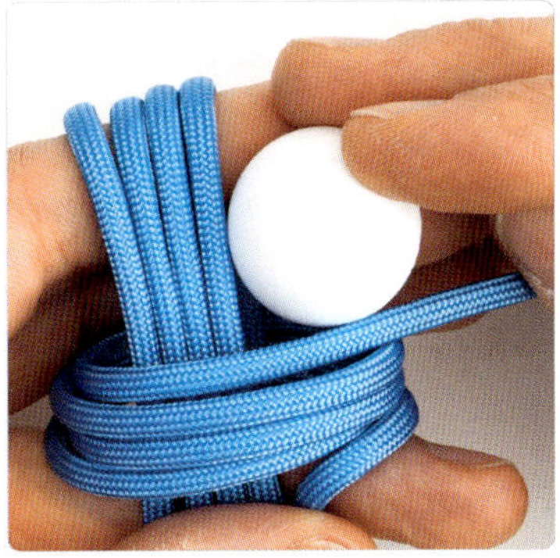

3 Stecken Sie die Kugel als Kernstück in die Mitte der Wicklung.

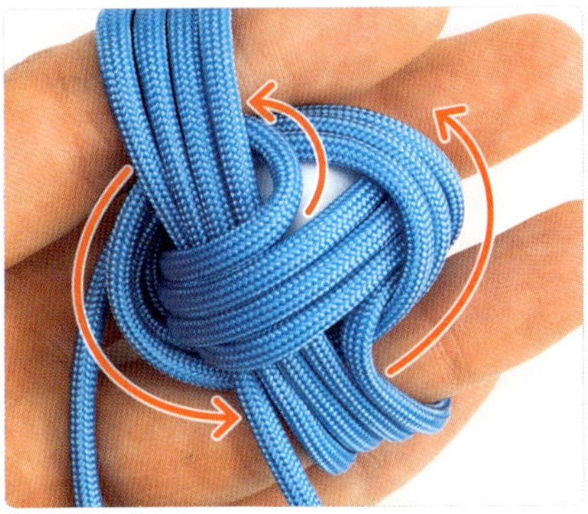

4 Führen Sie das Arbeitsende durch die vertikalen Wicklungen nach links. Arbeiten Sie dann unter den vertikalen und über den horizontalen Schllingen und machen Sie vier vertikale Umwicklungen um die Kugel. Halten Sie diese parallel.

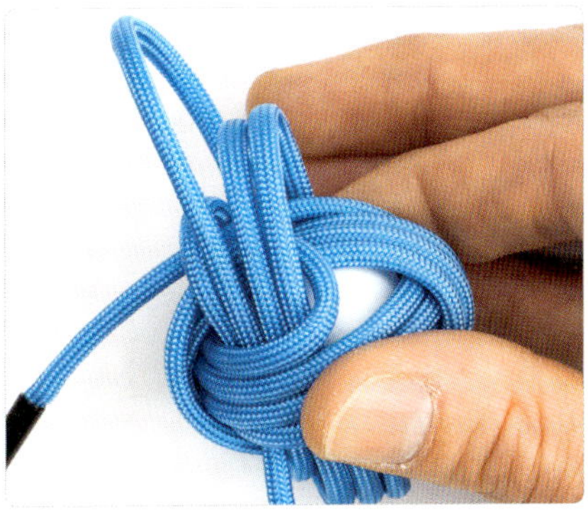

5 Entfernen Sie den Knoten von Ihren Fingern. Um den Knoten festzuziehen, beginnen Sie am stehenden Ende und ziehen vorsichtig an dem Seil, um eine Schlinge hochzuziehen. Fahren Sie damit fort, am Paracord zu ziehen, sodass Sie diese Schlinge durch den ganzen Knoten arbeiten.

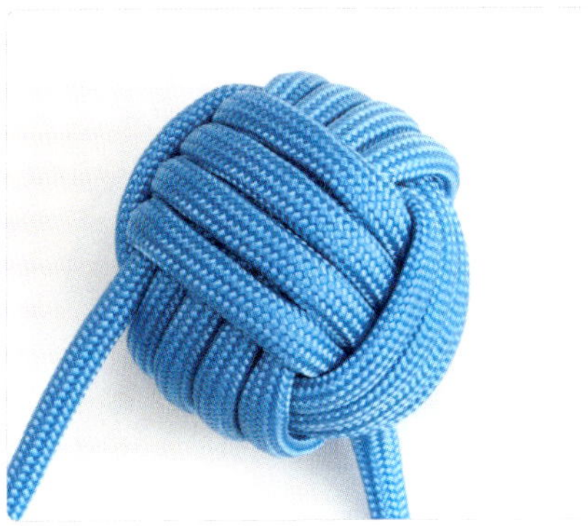

6 Diesen Vorgang wiederholen und dabei vom Arbeitsende aus eine Schlinge hochziehen. Das Seil zurück durch den Knoten ziehen, sodass er um die Kugel in der Mitte immer fester wird. Wiederholen Sie dies so oft wie nötig, damit der Knoten rund um die Kugel so fest wie gewünscht wird.

Affenfaustperle

A Knoten Sie eine Affenfaust über eine Holzperle. Lassen Sie den Knoten recht locker und suchen Sie dann die Löcher der Perle.

B Führen Sie ein Stück Paracord durch die Perle. Ziehen Sie den Knoten rund um die Perle fest. Schneiden Sie die Enden zurecht und verschmelzen Sie sie, anstatt sie mit einem Wickelknoten (siehe Seite 41) zu versehen. Legen Sie die Affenfaust-Perle beiseite, um sie später für Ihr Werkstück zu verwenden.

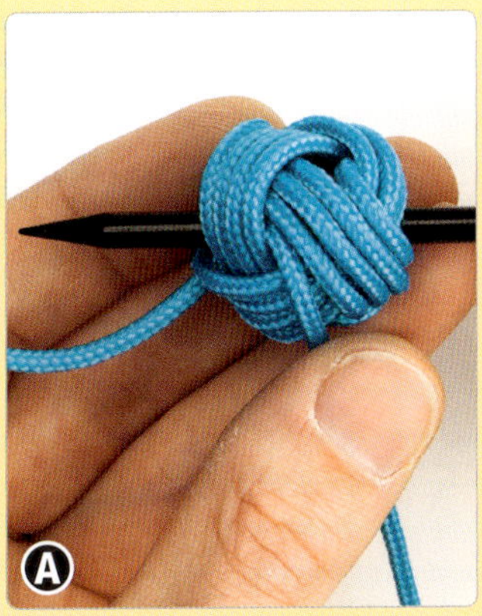

A

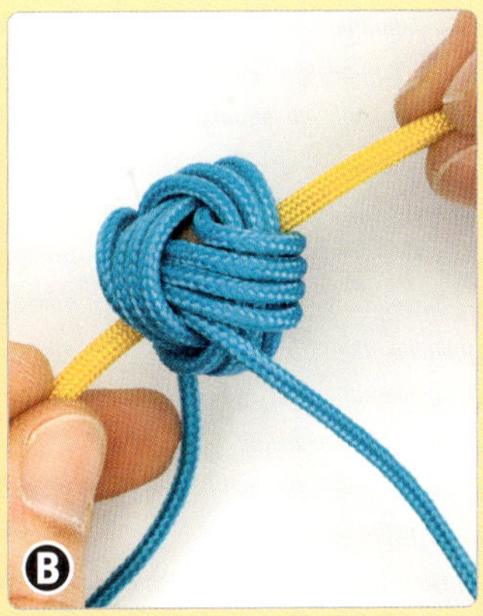

B

Dreifarbige Affenfaust

A Halten Sie 2 Stränge von je 60 cm in zwei Farben nebeneinander und verschmelzen Sie sie.

B Wickeln Sie den verschmolzenen Paracord zweimal um Ihre Finger, sodass die Stränge nebeneinander zu liegen kommen. Legen Sie die Kugel in die Mitte des Knotens ein. Führen Sie die verschmolzenen Arbeitsenden nach links außen zwischen die vertikalen Wicklungen.

C Machen Sie zwei horizontale Umwicklungen um die Kugel in der Mitte und über die Mitte der vertikalen Wicklungen.

D Arbeiten Sie dann unter den vertikalen Umwicklungen hindurch und über die horizontalen Wicklungen und machen Sie 4 weitere vertikale Umwicklungen mit einem 90 cm langen Stück Paracord in einer dritten Farbe.

E Beginnen Sie damit, den Knoten um die Kugel in der Mitte festzuziehen. Wenn Sie die beiden 60 cm langen parallelen Stränge bearbeiten, behandeln Sie sie, als wären sie nur einer.

F Schneiden Sie alle Enden bis auf das 90 cm lange zurecht und verschmelzen Sie sie. Verwenden Sie die beiden Enden, um einen Wickelknoten, wie unten beschrieben, zu knoten.

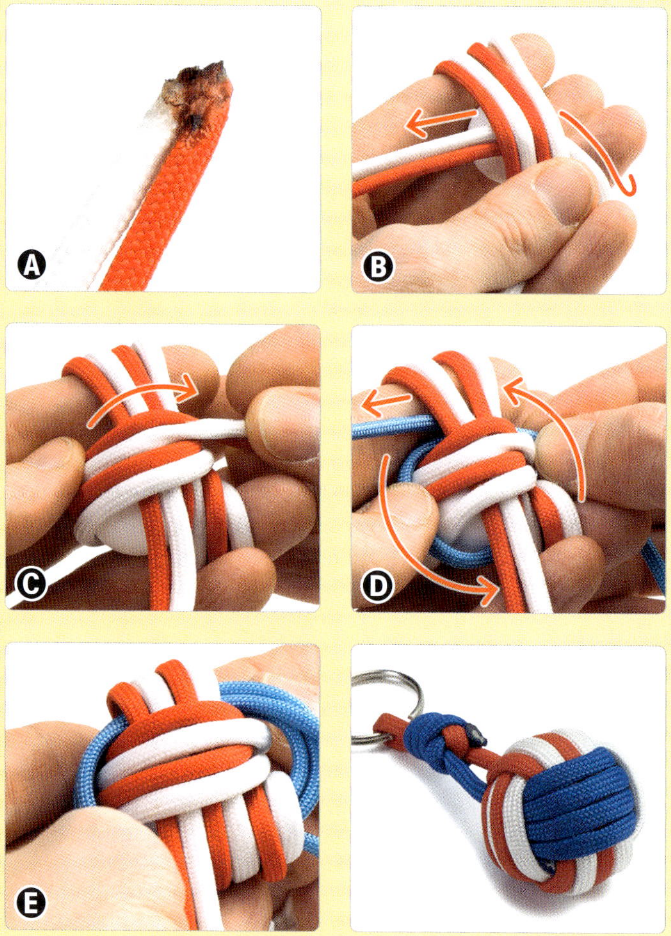

Fertigstellung mit einem Wickelknoten

A Verwenden Sie die Arbeitsenden, um, wie gezeigt, oben in das stehende Ende eine Schlinge zu machen.

B Halten Sie alle Enden nahe der Mitte der Schlinge zusammen. Nehmen Sie dann das stehende Ende und wickeln Sie es um Schlinge und Arbeitsende und lassen Sie oben ein wenig von der Schlinge stehen. Wickeln Sie weiter in Richtung des Balls, bis Sie unten an der Schlinge ankommen; führen Sie das stehende Ende durch die untere Schlinge.

C Ziehen Sie am Arbeitsende, um die untere Schlinge gemeinsam mit dem stehenden Ende nach oben in Richtung der Wicklung zu bringen. Schneiden Sie die Enden zurecht und verschmelzen Sie sie. Nutzen Sie die obere Schlinge, um die Affenfaust an einem Schlüsselring oder einem anderen Gegenstand anzubringen.

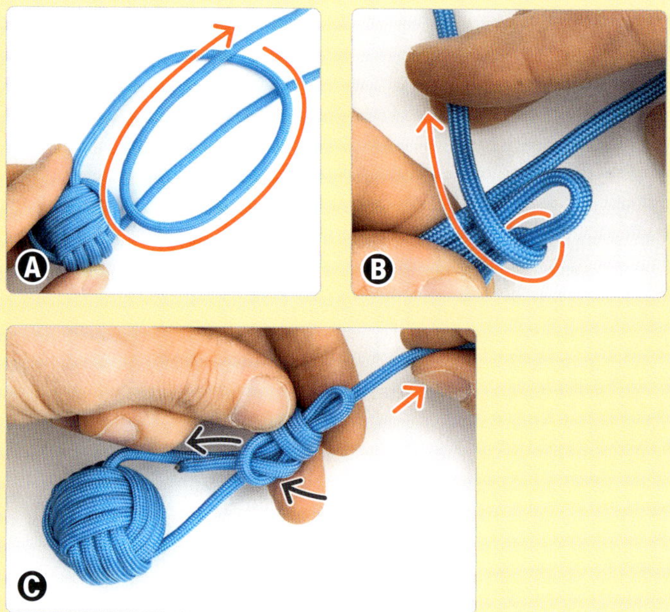

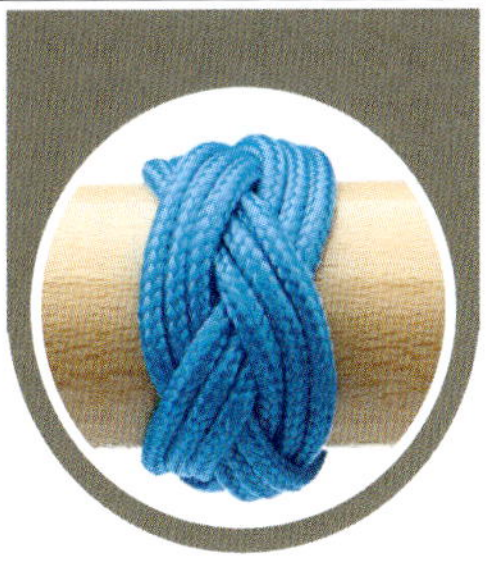

TÜRKENBUND

Verwenden Sie 135–150 cm Paracord, um diesen Knoten zu knüpfen.

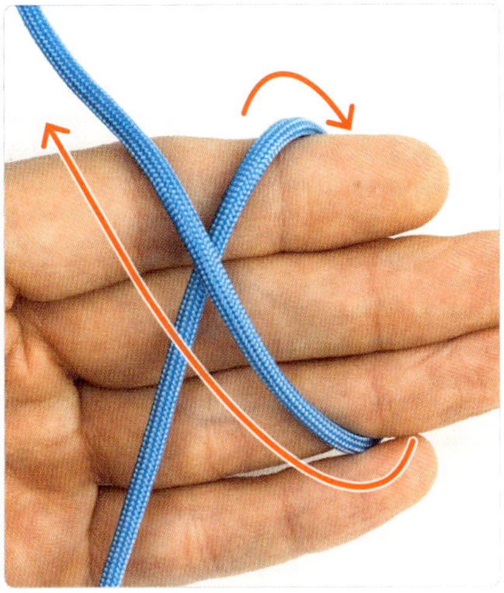

1 Legen Sie das stehende Ende über Ihre Handfläche. Führen Sie das Arbeitsende dann um Ihre Hand herum und kreuzen Sie es über dem stehenden Ende, sodass sich ein X bildet. Das Arbeitsende befindet sich dann oben links am X. Wenn gewünscht, wickeln Sie das Seil nur um Ihre ersten drei Finger, sodass Sie mit dem kleinen Finger die Stränge festhalten können.

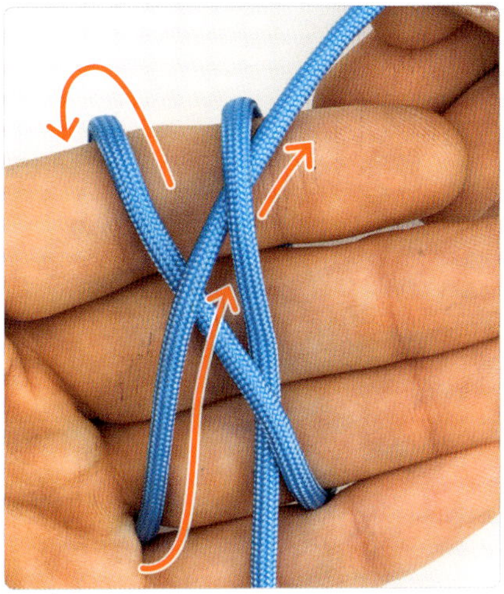

2 Führen Sie das Arbeitsende um Ihre Hand und über den oberen linken Schenkel des X und dann unter den oberen rechten Schenkel des X.

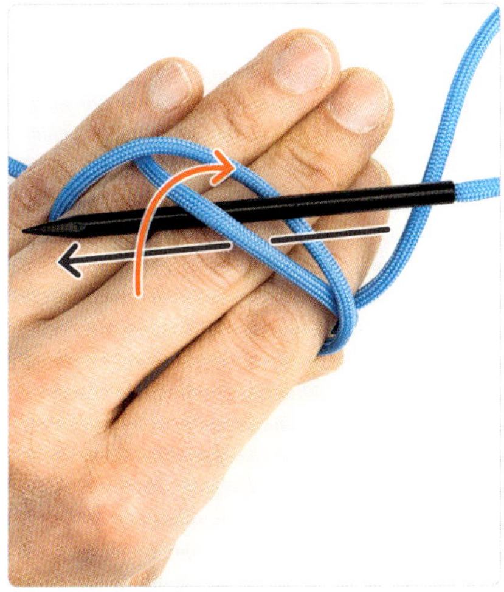

3 Drehen Sie Ihre Hand um, sodass Sie auf die Rückseite blicken. Sie sehen nun zwei parallele Stränge. Kreuzen Sie den linken über den rechten Strang. Es entsteht eine ovale Form. Führen Sie das Arbeitsende durch dieses Oval, sodass es über dem rechten und unter dem linken Strang hindurchgeht.

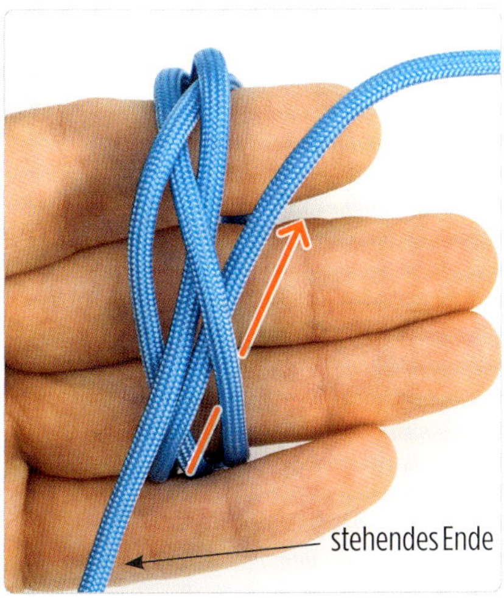

4 Drehen Sie die Hand wieder um, sodass Sie auf die Handfläche blicken. Suchen Sie sich das stehende Ende und folgen Sie ihm durch den Knoten mit dem Arbeitsende. Halten Sie dabei das Arbeitsende immer rechts des stehenden Endes.

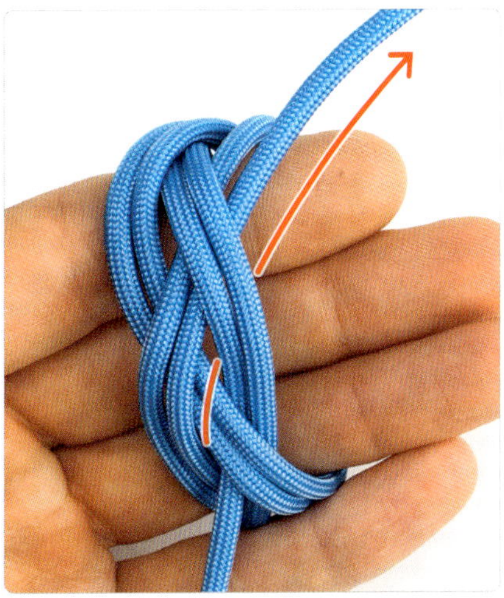

5 Fahren Sie damit fort, dem Knoten mit dem Arbeitsende zu folgen, und halten Sie das Arbeitsende immer rechts des Stranges, dem Sie folgen.

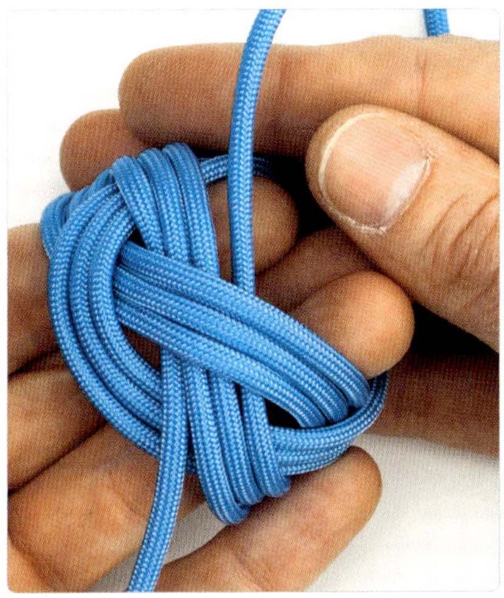

6 Fahren Sie damit fort, den Knoten nach rechts zu knüpfen, bis Sie dies drei Durchgänge lang gemacht haben. Beide Enden kommen am selben Ort aber gegenüberliegend zum Liegen, sodass der Knoten aussieht, als ob er nirgends enden würde. Wiederholen Sie die Schritte 5–6 des Affenfaustknotens (siehe Seite 41), um den Knoten festzuziehen. Schneiden Sie die Enden zurecht und verschmelzen Sie sie an der Unterseite des Knotens.

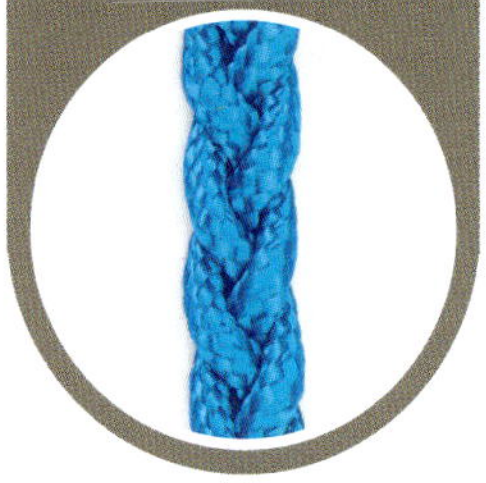

ZOPF AUS DREI STRÄNGEN

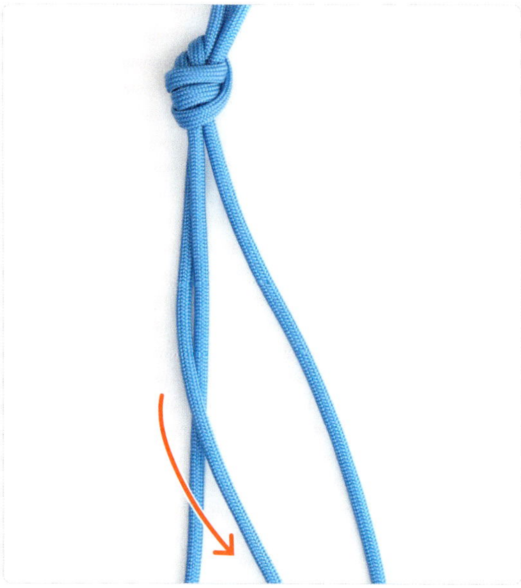

1 Kreuzen Sie den linken Strang über dem mittleren.

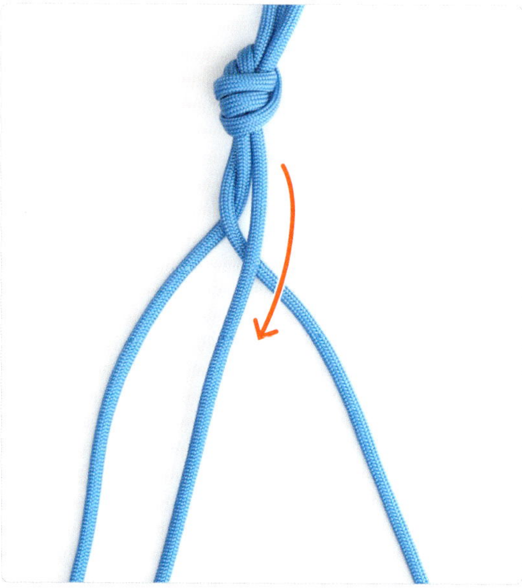

2 Kreuzen Sie den rechten über dem neuen mittleren Strang.

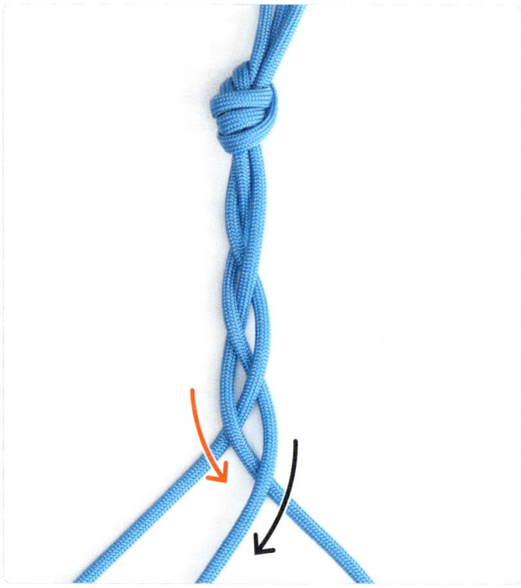

3 Wiederholen Sie diesen Vorgang. Kreuzen Sie jeden Strang zur Mitte und wechseln Sie links und rechts ab.

TIPP

Wenn Sie vergessen haben, an welcher Seite Sie arbeiten sollten, denken Sie daran, immer mit dem höheren Strang zu arbeiten.

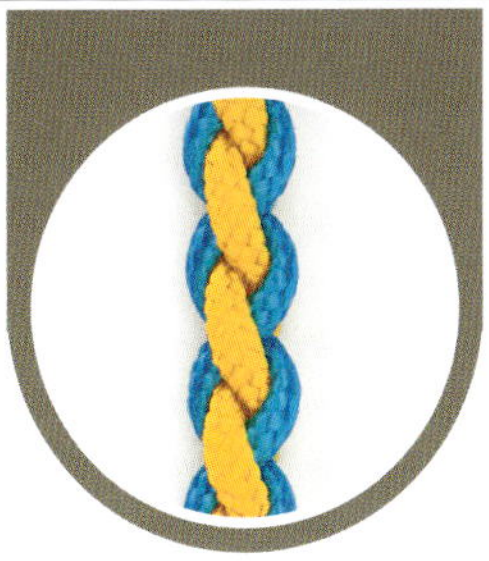

RUNDER ZOPF AUS VIER STRÄNGEN

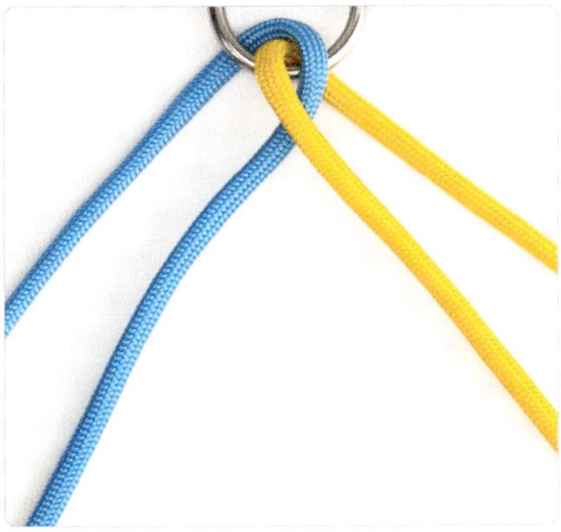

1 Falten Sie zwei Stränge in der Mitte um einen Gegenstand, an dem Sie flechten möchten, etwa um einen Schlüsselring. Arrangieren Sie die Stränge, sodass dieselben Farben nebeneinanderliegen. So entstehen im fertigen Zopf vertikale Streifen.

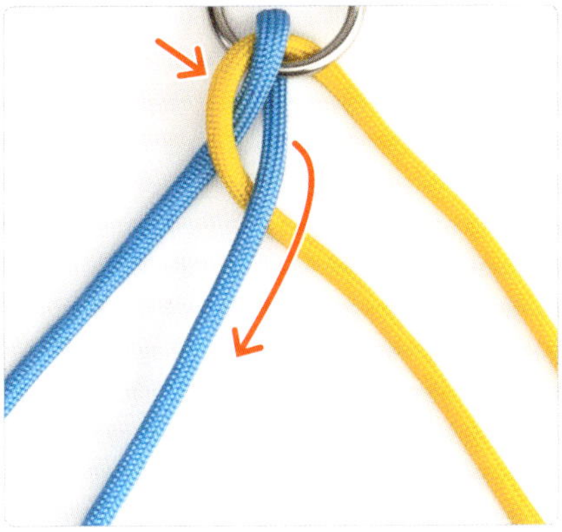

2 Führen Sie den Strang links außen unter die beiden Stränge in der Mitte und um einen Strang zurück nach links (den äußersten rechten der gekreuzten Stränge).

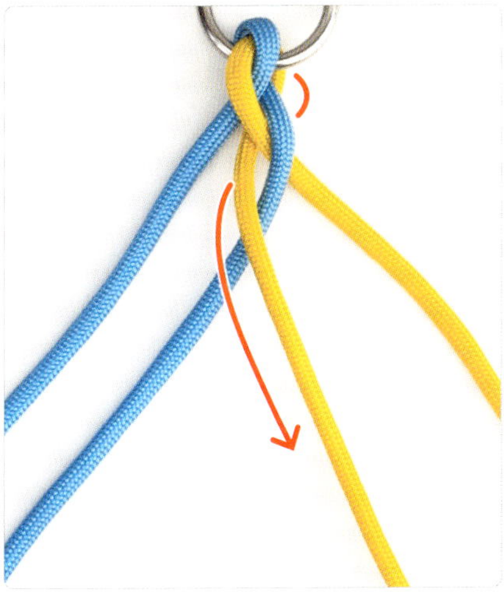

3 Führen Sie das rechte, äußere Ende unter die beiden Stränge in der Mitte und über einen zurück nach rechts (den äußersten linken der gekreuzten Stränge).

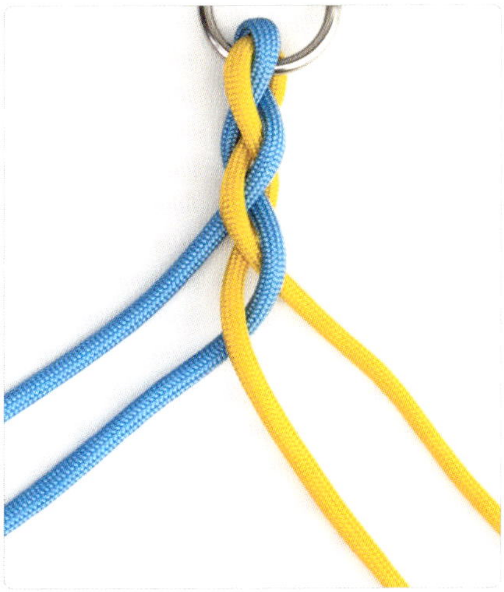

4 Arbeiten Sie in diesem Muster weiter und wechseln Sie die rechten und linken Seiten ab.

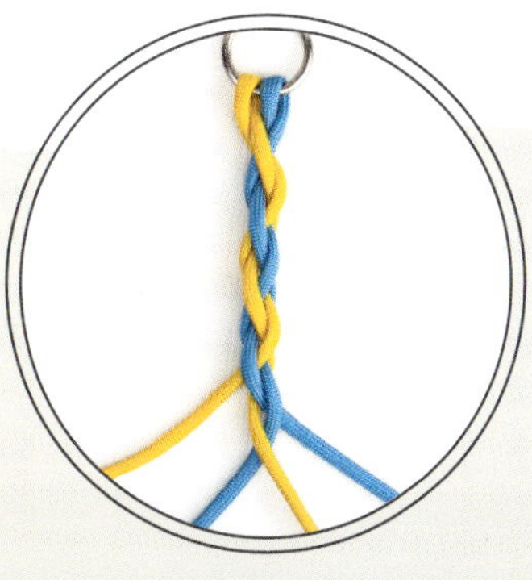

TIPP

Ordnen Sie die Stränge so an, dass die Farben einander abwechseln, so erhält der fertige Zopf ein spiralförmiges Streifenmuster.

Gegenstände anbringen und Enden verweben

A Verkreuzen Sie zwei gegenüberliegende Seile über die Mitte des Zopfes.

B Legen Sie den Gegenstand, den Sie am Zopf anbringen wollen, auf die überkreuzten Stränge. Kreuzen Sie nun die beiden verbliebenen Stränge über die Mitte des Zopfes und führen Sie sie durch den Gegenstand, den Sie an den Zopf anbringen möchten.

C Verwenden Sie das Spleißwerkzeug, um die Enden zurück durch den Zopf zu weben. Folgen Sie dabei dem Flechtmuster. Beginnen Sie mit den beiden Enden, die Sie anfangs durch den Gegenstand hindurchgefädelt haben.

D Wiederholen Sie das, bis Sie alle Enden 3–5 cm zurück in den Zopf gewoben haben. Schneiden Sie die Enden zurecht und verschmelzen oder verkleben Sie sie.

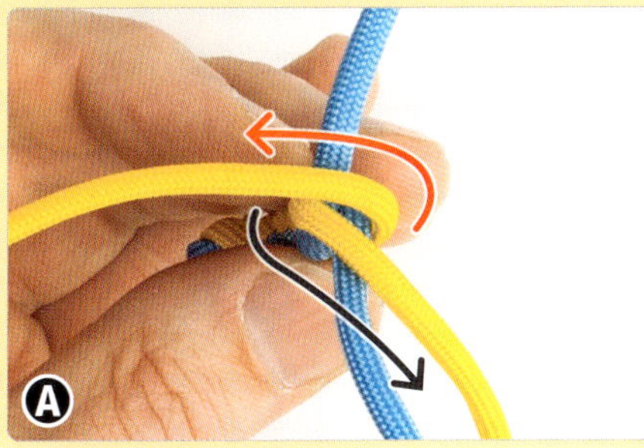

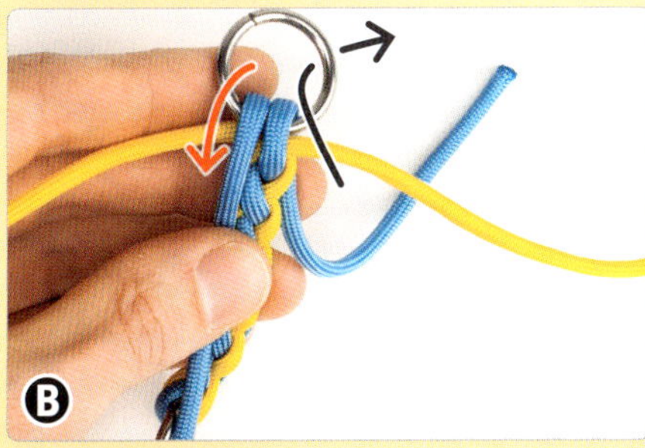

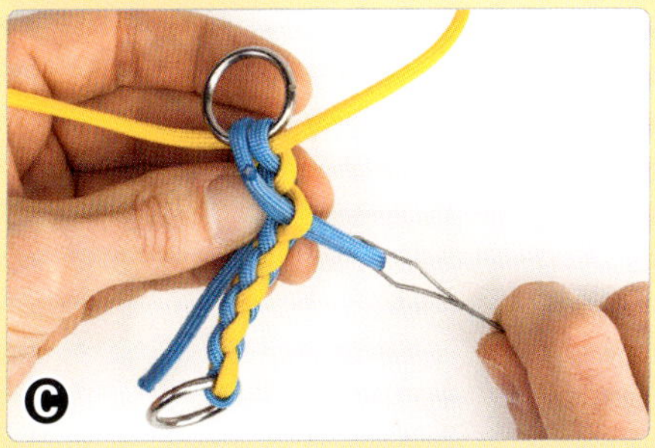

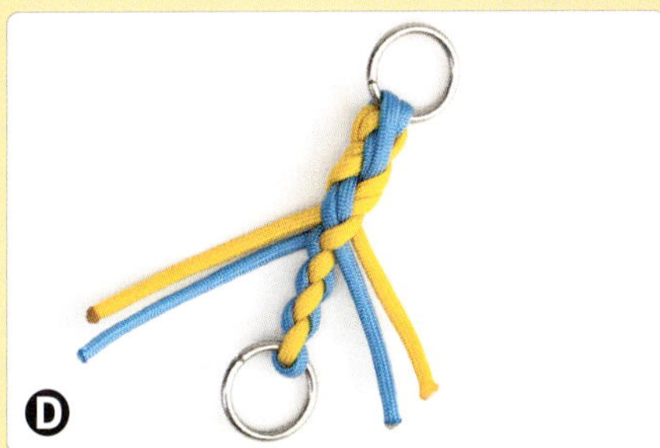

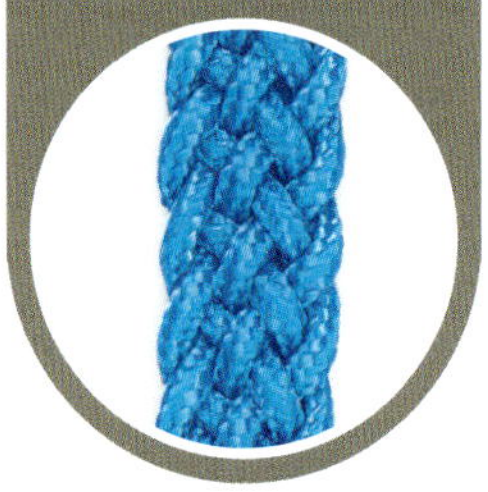

FLACHER ZOPF AUS SECHS STRÄNGEN

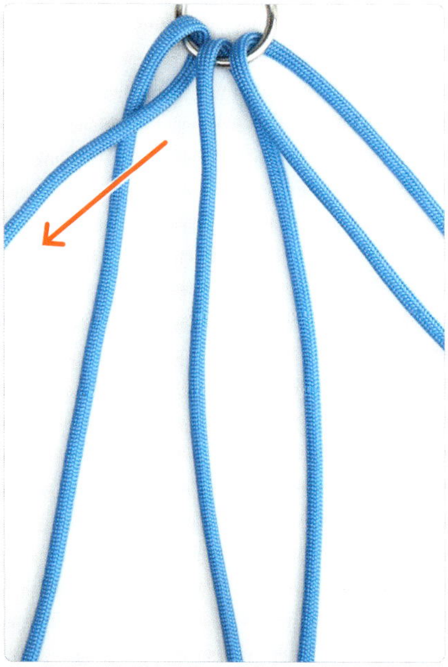

1 Falten Sie drei Stränge in der Mitte um einen Gegenstand, an dem Sie flechten möchten, etwa einen Schlüsselring. Bringen Sie den zweiten Strang von links über den äußersten linken Strang.

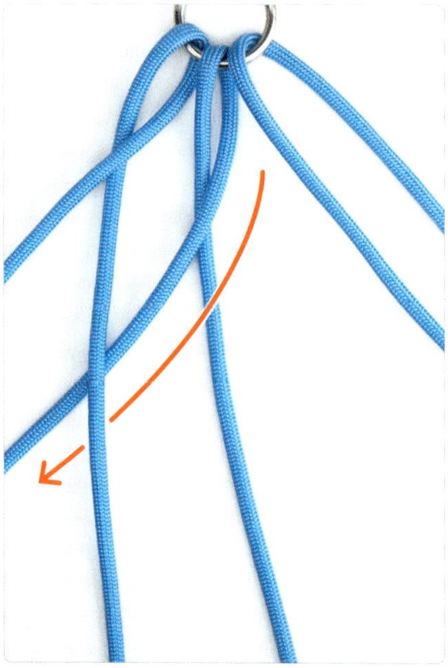

2 Führen Sie den vierten Strang von links über den nächsten und dann unter den übernächsten Strang. Arbeiten Sie dabei nach links.

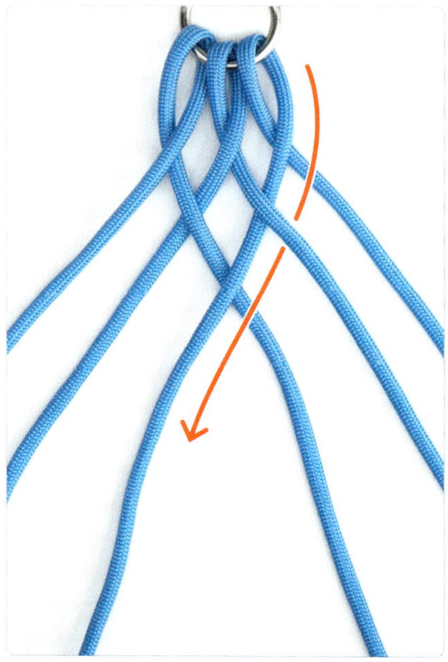

3 Führen Sie den Strang rechts außen über den nächsten, dann unter und dann wieder über den nächsten Strang. Arbeiten Sie dabei von außen nach innen.

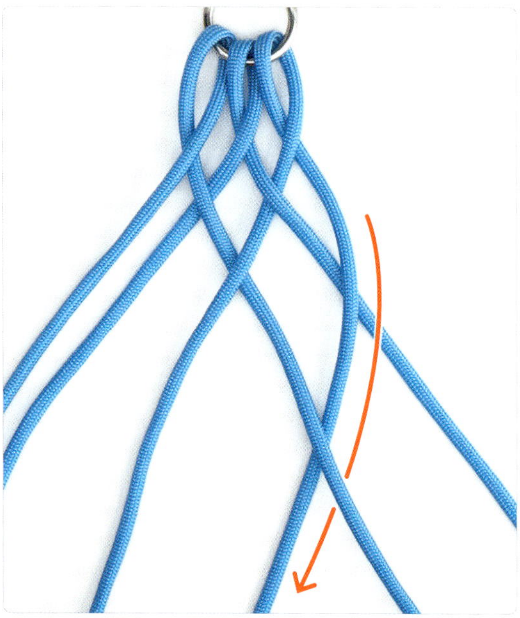

4 Bringen Sie den Strang rechts außen über den nächsten und dann unter den nächsten Strang. Arbeiten Sie dabei von außen nach innen.

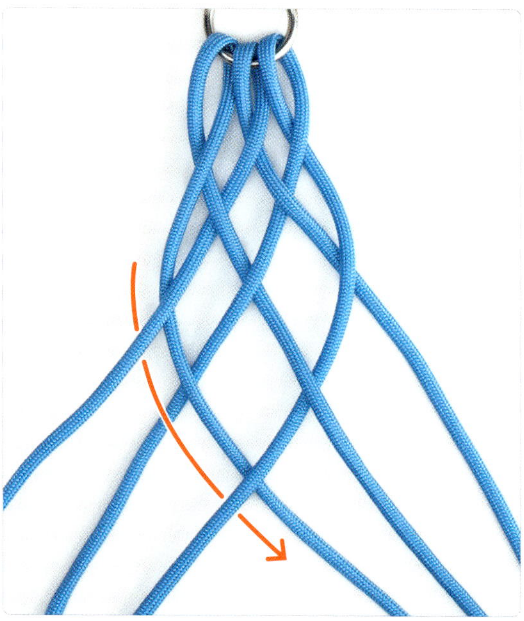

5 Führen Sie den Strang links außen unter, dann über und unter den nächsten Strang. Arbeiten Sie dabei von außen nach innen. Wiederholen Sie die Schritte 4–5 über die Länge des Zopfes.

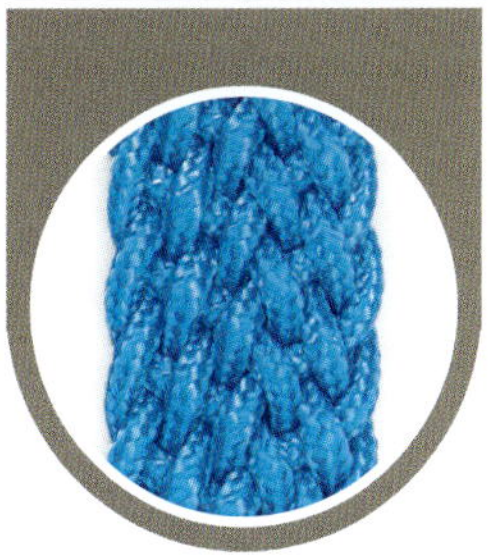

FLACHER ZOPF AUS ZEHN STRÄNGEN

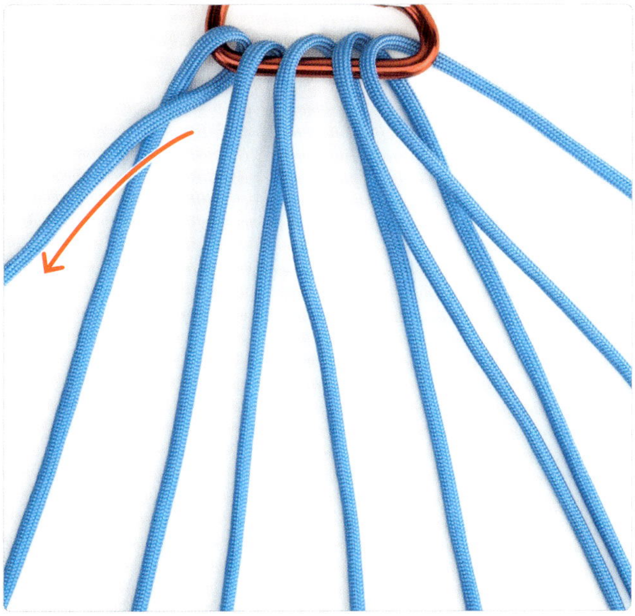

1 Falten Sie fünf Stränge in der Mitte um einen Gegenstand, an dem Sie flechten möchten, etwa einen Karabiner. Bringen Sie den zweiten Strang von links über den äußersten linken Strang.

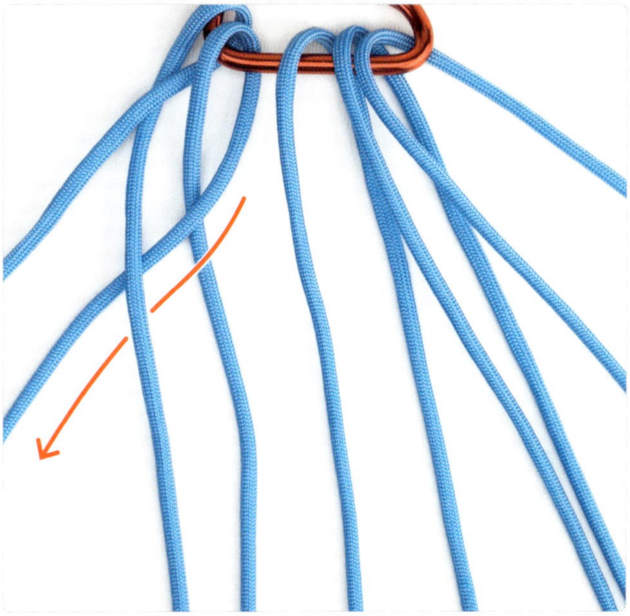

2 Führen Sie den vierten Strang von links über und unter den jeweils nächsten Strang und arbeiten Sie dabei nach links.

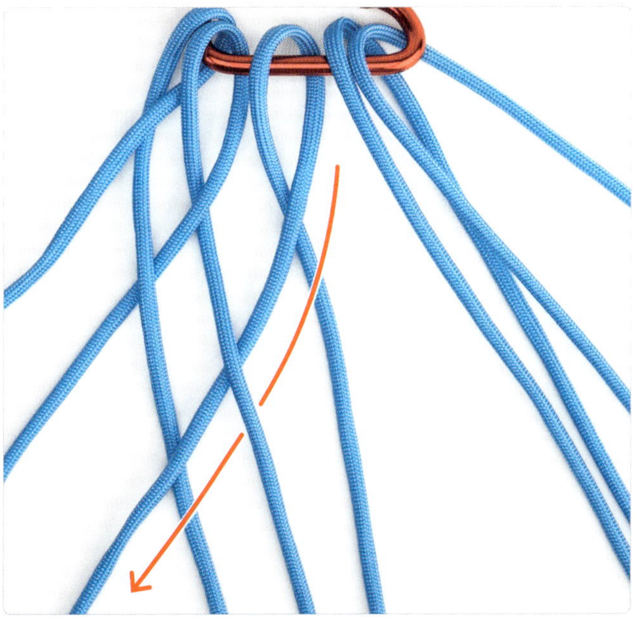

3 Führen Sie den sechsten Strang von links über, unter und über den jeweils nächsten Strang und arbeiten Sie dabei nach links.

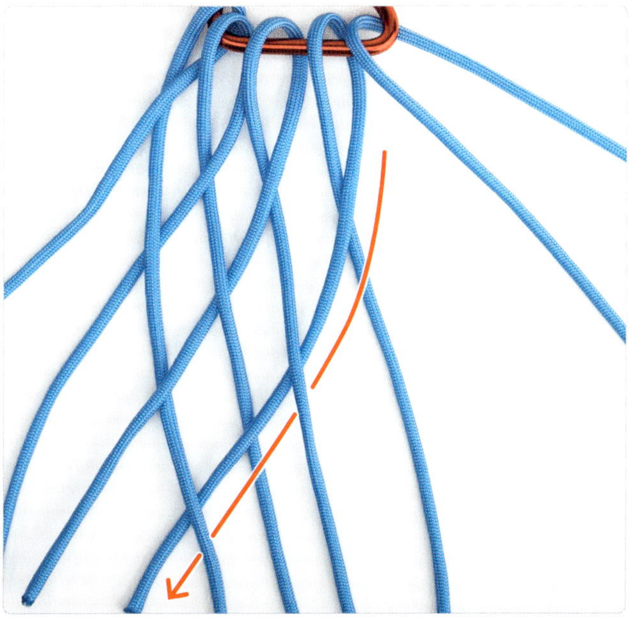

4 Führen Sie den achten Strang von links über, unter, über und unter den jeweils nächsten Strang und arbeiten Sie dabei nach links.

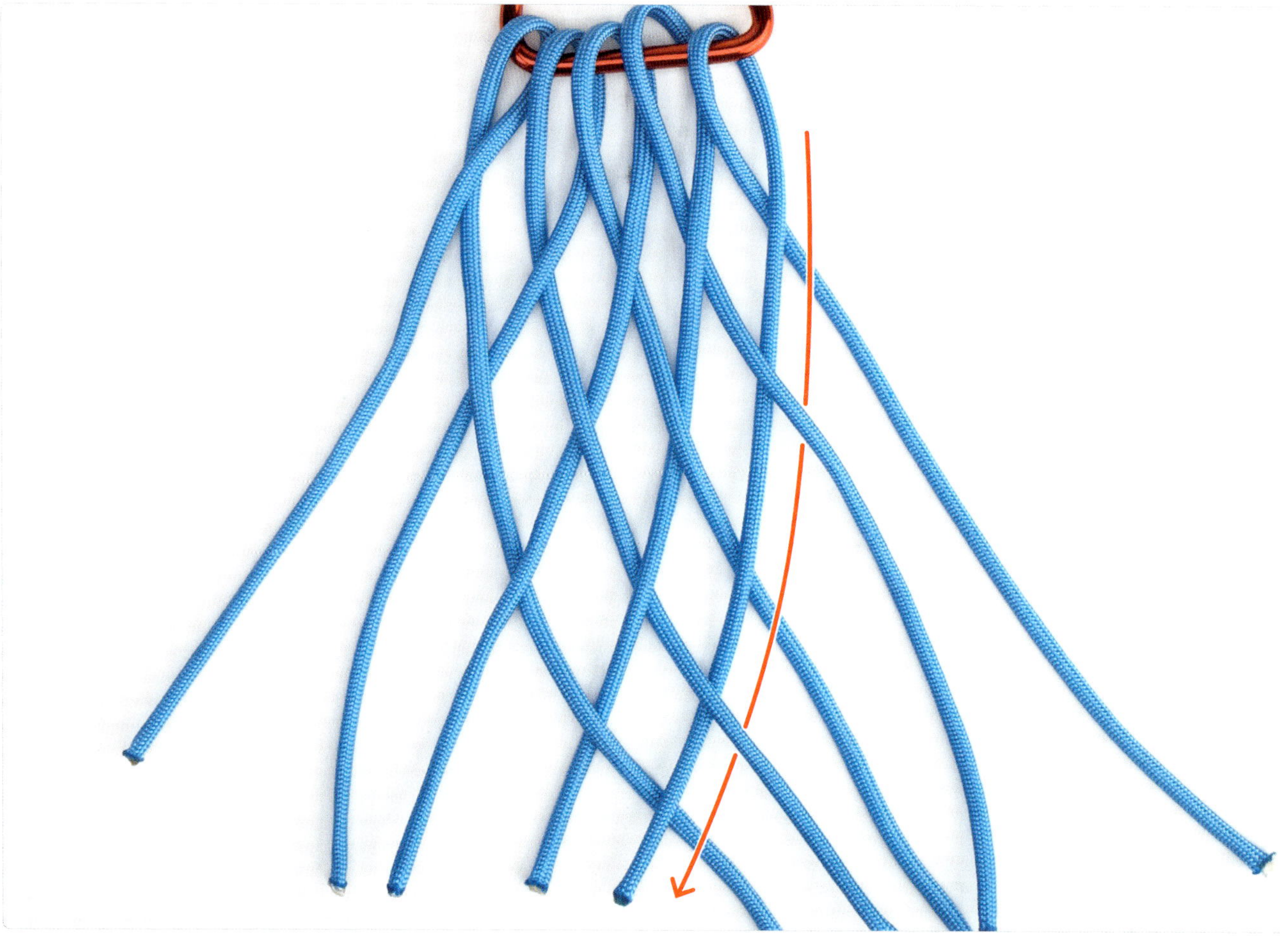

5 Bringen Sie den Strang außen rechts über, unter, über, unter und über den jeweils nächsten Strang und arbeiten Sie dabei nach links.

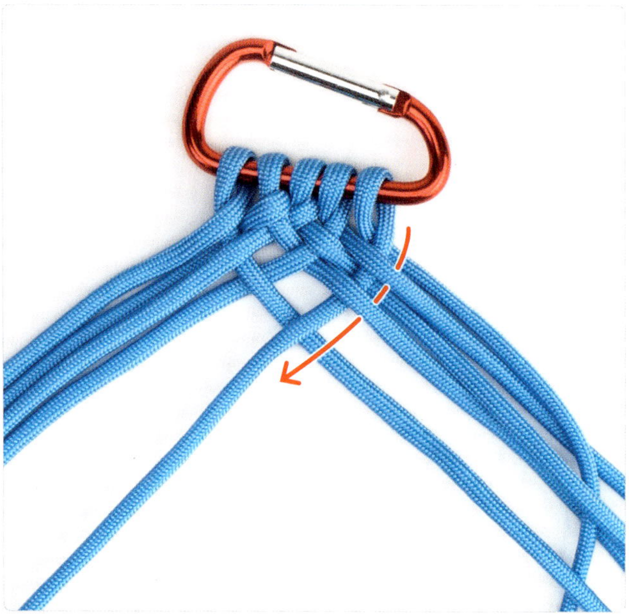

6 Führen Sie den Strang außen rechts über, unter, über und unter den jeweils nächsten Strang und arbeiten Sie dabei zur Mitte hin.

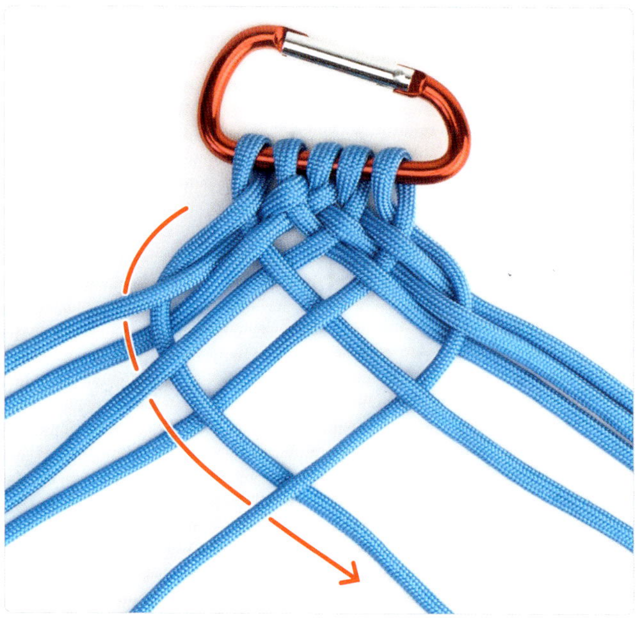

7 Führen Sie den Strang außen links unter, über, unter, über und unter den jeweils nächsten Strang und arbeiten Sie dabei zur Mitte hin. Wiederholen Sie die Schritte 6–7 über die gesamte Länge des Zopfes.